ELOGIOS PAR

Valorar

Valorar está lleno de sabiduría, consejo práctico y franqueza sobre un tema sumamente personal y sagrado: cómo vivir todos los días ese matrimonio que deseas. Gary Thomas aporta verdad y nos recuerda que Jesús está en medio de nuestras relaciones terrenales.

JENNIE ALLEN, autora de *Lo que me pidas*
y fundadora de IF: GATHERING

Muchos de nosotros prometimos «amar y respetar» cuando nos casamos. Escuchamos muchos buenos consejos sobre amar a nuestro cónyuge y eso es sin duda importante, pero hay mucho más. Gary Thomas nos muestra cómo poner el amor en acción mediante la estima hacia esa persona a la que amamos.

JIM DALY, presidente de Focus on the Family

Gary Thomas ha proporcionado un profundo entendimiento y la aplicación de un concepto bíblico clave que, con toda seguridad, llevará al siguiente nivel a toda pareja de casados que lo aplique. Es de lectura obligada para todo matrimonio que desee cultivar su relación.

DR. TONY EVANS, presidente de The Urban Alternative

Matrimonio sagrado se ha convertido en un libro clásico de obligada lectura. Ahora, Gary Thomas ha escrito otro libro maravilloso, *Valorar*, que no solo se centra en amar a tu cónyuge, sino en apreciarlo: atesorarlo, honrarlo, tenerle en gran estima con ternura, protegerlo, cuidarlo y sentir el deseo de exhibirle. Este libro, de obligada lectura, será una ayuda tremenda y una bendición para las parejas y su matrimonio.

SIANG-YANG TAN, doctor y catedrático de Psicología
en el Seminario Teológico Fuller y autor de
Orientación psicológica y psicoterapia

Cada vez que agarro un libro de Gary Thomas, dos palabras me vienen a la mente: *profundo* y *práctico*. Con frecuencia trato el tema de las relaciones en mi programa de radio, y nadie articula el deseo más profundo de Dios para nuestras relaciones como Gary Thomas. Es convincente y, a la vez, alentador, desafiante y potenciador. Si tu matrimonio es aburrido y apagado, lee el nuevo libro de Gary, *Valorar*, con mucha atención y oración. Te encuentras a unas pocas páginas de un nuevo día y de una nueva forma de relacionarte con tu cónyuge.

Susie Larson, presentadora de un programa de entrevistas,
oradora nacional y autora de *Your Powerful Prayers*

Toda persona casada desea amar y respetar a su cónyuge. La mayoría de nosotros tenemos un sentido de lo que significa amar bien. Pocos de nosotros poseemos la visión de lo que significa amar a nuestro cónyuge. Gary Thomas pinta una imagen gráfica de lo que significa amar de verdad a otro ser humano. Este libro revela nuevas sendas para cultivar un matrimonio saludable, dinámico y vivificante.

Dr. Kevin G. Harney, pastor, autor y fundador
de Organic Outreach International

No hay nada más hermoso que tener una relación con alguien que, supuestamente, te ama... y te ama de verdad. *Valorar* ayuda a entender ese escenario dulce y feliz en el matrimonio.

Dr. Tim Clinton, presidente de la Asociación
Estadounidense de Consejeros Cristianos

¡Prepárate para sentirte inspirado/a! Este libro elevará, sin lugar a duda, tu matrimonio a un nivel superior; es lo que hizo en nuestro caso. Pero Gary hace mucho más que inspirar. Prepara. Nos muestra cómo cuidar con amor y atesorar a tu cónyuge como nunca antes. No te pierdas este mensaje increíblemente práctico. Tu matrimonio no volverá a ser el mismo.

Dres. Les y Leslie Parrott, autores *bestseller* del *New York Times*, de *Asegure el éxito en su matrimonio antes de casarse*

¡Gary Thomas lo ha vuelto a hacer! Tiene una forma de cambiar el paradigma de mi matrimonio para arrojar una luz brillante sobre lo que significa honrar a Dios en mi matrimonio, de forma práctica. Hará esto mismo en tu caso, dándole vida a una pequeña palabra, *Valorar*.

DR. JULI SLATTERY, presidente de Authentic Intimacy

Toda pareja se casa con grandes propósitos para su matrimonio. El suyo va a ser diferente, especial. Pero muchas de ellas pierden su propósito y la vida se vuelve ajetreada, llegan las dificultades y el matrimonio con el que se encuentran no tiene nada que ver con ese que deseaban. Toda pareja quiere mejorar su matrimonio, pero muchas no saben por dónde empezar. Es lo que más me gusta de *Valorar*. Gary Thomas llega al corazón del matrimonio. Empápate de su sabiduría, aplica estos principios y observa cómo Dios transforma tu relación matrimonial en algo que vas a apreciar.

JUSTIN DAVIS, pastor de la iglesia Hope City Church, fundador de RefineUs Ministries y autor de *Beyond Ordinary: When a Good Marriage Just Isn't Good Enough*

Siempre he sido una gran aficionada de los libros de Gary Thomas, pero *Valorar* es especial. Les muestra a las parejas cómo convertir los matrimonios decepcionantes en matrimonios encantadores. Me gusta, de forma especial, el capítulo sobre honrarse el uno al otro. Al trabajar con parejas que tienen un matrimonio decepcionante, pero destructivo, la deshonra es un problema relevante. Me siento agradecida de que Gary valide el hecho de que retener el amor con regularidad en el matrimonio puede llegar al nivel del maltrato emocional.

LESLIE VERNICK, consejera licenciada, *coach* de relaciones y autora del *bestseller The Emotionally Destructive Relationship*

También de Gary Thomas

Una fe auténtica
Placer puro
Matrimonio sagrado

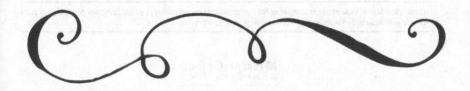

GARY THOMAS

Valorar

LA PALABRA QUE LO CAMBIA

TODO EN TU MATRIMONIO

La misión de Editorial Vida es ser la compañía líder en satisfacer las necesidades de las personas con recursos cuyo contenido glorifique al Señor Jesucristo y promueva principios bíblicos.

VALORAR
Edición en español publicada por
Editorial Vida – 2017
501 Nelson Place, Nashville, TN 37214, Estados Unidos de América

© 2017 por Editorial Vida

Este título también está disponible en formato electrónico.

A menos que se indique lo contrario, todas las citas bíblicas marcadas «NVI» son de la Santa Biblia, Nueva Versión Internacional® NVI®. Copyright © 1999, 2015 por Biblica, Inc.® Texto usado con permiso de Biblica, Inc.® Reservados todos los derechos en todo el mundo.

Las citas bíblicas marcadas «NTV» son de la Santa Biblia, Nueva Traducción Viviente, © 2010 por Tyndale House Foundation. Usada con permiso.

Las citas bíblicas marcadas «BLPH» son de La Palabra (Hispanoamérica) (BLPH) La Palabra, (versión hispanoamericana) © 2010 Texto y Edición, Sociedad Bíblica de España.

Las citas bíblicas marcadas «NBLH» son de la Nueva Biblia Latinoamericana de Hoy® © 2005 por The Lockman Foundation, La Habra, California 90631, sociedad no comercial. Derechos reservados. http://www.NBLH.org. Texto derivado de La Biblia de las Américas © 1986, 1995, 1997 por The Lockman Foundation.

Las citas bíblicas marcadas «TLA» son de La Traducción en Lenguaje Actual © 2000 por Sociedades Bíblicas Unidas. Usada con permiso.

Las citas bíblicas marcadas «RVR1960» son de la Reina-Valera 1960 (RVR1960) Versión Reina-Valera 1960 © Sociedades Bíblicas en América Latina, 1960. Renovado © Sociedades Bíblicas Unidas, 1988.

Las citas bíblicas marcadas «NBD» son de la Santa Biblia, Nueva Biblia al Día © 2006, 2008 por la Sociedad Bíblica Internacional®. Usada con permiso. Todos los derechos reservados mundialmente.

Las citas bíblicas marcadas «RVR» son de la Reina-Valera Antigua (RVA) by por dominio público.

Todas las direcciones de la Internet (páginas webs, blogs, etc.) y números de teléfono en este libro se ofrecen como recurso. No pretenden en modo alguno ser o implicar la aprobación o apoyo de parte de Editorial Vida, tampoco se hace responsable del contenido de dichos sitios y números durante la vida de este libro.

ISBN: 978-0-82976-797-1

Editora en jefe: *Graciela Lelli*
Traductor: *Juan Carlos Martín Cobano*
Adaptación del diseño al español: *Grupo Nivel Uno, Inc.*

CATEGORÍA: RELIGIÓN/Vida cristiana/Amor y casamiento

IMPRESO EN ESTADOS UNIDOS DE AMÉRICA
PRINTED IN THE UNITED STATES OF AMERICA

17   18   19   20   21   DCI   7   6   5   4   3   2   1

A Skip y Lucy

Contenido

Agradecimientos 11

Prólogo 13

1. Amar y valorar 15

2. El único hombre/la única mujer del mundo 29

3. El matrimonio es como el ballet 43

4. Tu honra 57

5. Cuando se pasa de valorar a la guerra 79

6. Una esposa embellecida 97

7. Casi tiro la toalla 119

8. Palabras de valoración 125

9. Valora a tu cónyuge único 149

10. Así es como falla tu cónyuge 163

11. El arte de valorar a tu cónyuge 181

12. Más fácil de valorar 205

13. Poder bíblico para seguir valorando 227

Epílogo 247

Notas 251

Agradecimientos

P uede sonar extraño decir esto justo en los agradecimientos, pero desde que esta idea aterrizó en el proceso de plasmarla en papel, he sentido a Dios como el compañero siempre presente en este libro. En los días que he necesitado aclarar un punto específico, aparecía una pareja «por casualidad» y durante una reunión espontánea me proporcionaba la ilustración perfecta. En muchas ocasiones, escribir ha sido franca adoración. Me siento enormemente agradecido por servir a un Dios vivo quien, estoy convencido, ansía ver crecer a su iglesia. Afirmar que «no podría haber escrito este libro sin Él» sería la mayor subestimación de mi vida. Al menos para mí, ha sido como si Dios estuviera por todas partes.

Muchas gracias a Brooks Powell, Mary Kay Smith, Alli Smith y a mi esposa, Lisa, por la revisión previa de las primeras encarnaciones de este manuscrito.

Me siento sumamente agradecido por los muchos amigos y lectores que han tenido a bien compartir sus propias historias. En algunos casos he cambiado los detalles para proteger su privacidad; muchos me han permitido que plasme su vida sin modificaciones. Este libro recopila la experiencia vital de ver obrar a Jesús en los matrimonios y en la iglesia.

Mi editor, John Sloan, me ha presionado bastante con este libro, y le estoy muy agradecido por ello; su trabajo ha hecho que el resultado sea mucho mejor. Le doy las gracias a todo el equipo de Zondervan: David Morris, el editor, ha sido un abogado activo y entusiasta. Tom Dean, mi director comercial, ha sido paciente e incansable, y Brandon Henderson y Robin Barnett han proporcionado el *marketing* destacado y el apoyo en las relaciones públicas. La fidelidad de Dirk Buursma en la corrección establece el nivel para el resto del mundo editorial.

No podría imaginar formar parte de este ministerio sin mis agentes, Curtis Yates y Mike Salisbury, junto a mí, con sus directrices, consejos y su apoyo.

Una de las cosas que me ha proporcionado libertad en el enfoque al escribir es tener unos hijos que siguen al Señor y que hacen grandes elecciones. Mi hijo Graham y su esposa, Molly, me inspiran con su amor. Allison y Kelsey son una delicia diaria. He visto a tantos padres abrumados por la angustia respecto a sus hijos que me siento particularmente bendecido al ser inspirado por estos cuatro jóvenes adultos asombrosos.

Y, como siempre, me siento bendecido hasta más no poder por el apoyo que recibo y la comunidad que experimento en Houston, Texas, que responde al nombre de Second Baptist Church y por mi esposa, Lisa, quien me ha enseñado el gozo de amar y ser amado cada día.

Prólogo

POR LISA THOMAS

Sé lo que significa ser valorada.

Una mano cálida que cubre mi mejilla, con un leve contacto visual, quizás.

Un suave masaje en la espalda.

Una taza de café junto a la cama cuando me despierto en la habitación de un hotel.

Palabras de reafirmación, más allá de las que merezco, pronunciadas a veces en una sala llena de extraños.

Una mano que presiona mi zona lumbar.

Un depósito de gasolina que permanece milagrosamente lleno.

Palabras suaves cuando una respuesta áspera podría justificarse.

¡Algunas de estas cosas podrían *hacerte* sentir molesta en lugar de valorada! Valorar adopta diferentes formas para cada uno de nosotros, pero para mí son los pequeños actos que me hacen sentir adorada, segura, merecedora del esfuerzo. Con solo escuchar la palabra *valorar* me entran ganas de abrazar a Gary, de darle un beso en la mejilla y darle las gracias.

Valorar

Mi amiga me preguntó hace poco en qué libro estaba trabajando Gary. Le respondí que era uno nuevo sobre el matrimonio, titulado *Valorar*. Instintivamente agarró el brazo de su esposo, se inclinó hacia él y soltó un «aaah» de deleite. La palabra sola provocó esa respuesta. Confío en que este libro, escrito por alguien que se destaca por su forma de valorar, te ayude a aprender a valorar bien.

CAPÍTULO 1

Amar y valorar

Una actitud amorosa enriquecerá,
profundizará y fortalecerá
espiritualmente tu matrimonio

L a vida de Khanittha «Mint» Phasaeng cambió dramáticamente en el 2015, cuando fue coronada reina de la belleza tailandesa. Según el *Daily Mail*, que ganara el concurso de belleza le generó contratos de cine, publicidad y televisión lucrativos. Poco después de regresar a su ciudad natal, Mint se convirtió en la sensación de la Internet cuando fue fotografiada rindiéndole honor a su madre, que se dedicaba a recoger basura, arrodillándose a sus pies.

La madre de Mint vive literalmente de recoger y vender basura, y por esta razón Mint la encontró junto a los contenedores cuando regresó triunfante tras haber ganado, todavía vestida con la tiara y la colorida faja que la señalaba como una de las nuevas celebridades de Tailandia.

La fotografía de una joven glamurosa, arrodillada sobre el suelo sucio, delante de una recogedora de basura con zapatos de plástico provoca un grito ahogado de asombro. Sin avergonzarse en lo más mínimo, Mint denominó el oficio de su madre «una profesión honorable» que impidió que su familia muriera de hambre, y alabó la entrega y el cuidado de su madre.

Una semana antes del triunfo de Mint, su madre era casi invisible para el 99,99% de Tailandia. Pero cuando su hija, repentinamente famosa, le demostró su amor, millones de personas escucharon su historia y se enteraron de su carácter y su mérito.

Esta es la imagen de lo que ocurre cuando respetamos a un ser amado. Mint no se limitó a enviarle a su madre una nota de agradecimiento. Tampoco le dio un abrazo sin entusiasmo. Se ensució el vestido al hincarse de rodillas en un lugar donde la gente tiraba su basura, y se inclinó ante una mujer con atuendo común.

La señal de respeto, adoración, gratitud y honra —esforzándote para prestar atención a alguien, apreciarle, honrarle, tenerle en gran estima—, de un modo tan visible, incluso arrodillándose a sus pies, es una imagen de lo que podríamos llamar «valorar». Mint sintió algo en su corazón, creyó algo en su mente y expresó algo físicamente al arrodillarse.

Valoraba a su madre.

¿Has notado alguna vez cómo atrae nuestra atención ver que algo recibe un trato especial? Cuando caminas por Washington D.C., y un desfile de autos negros policiales escoltan a otro vehículo con diminutas banderas estadounidenses, sabes que la persona que viaja en el interior debe ser importante.

Después de todo, la están protegiendo.

No se pone un anillo de compromiso de Tiffany en una caja de zapatos. No se enmarca un Rembrandt con palitos de polos. No usarías un autógrafo auténtico de George Washington como posavasos.

El trato que le damos a algo reconoce si lo valoramos, si nos resulta indiferente o desdeñable. Queremos que otros vean, reconozcan y confirmen el valor que nosotros vemos en ello.

Así como un coleccionista de arte estudiará muchos marcos y probará diferentes ángulos de iluminación, para después considerar muchas paredes distintas en las que exhibir una pieza de arte particularmente valiosa, cuando respetamos a una persona dedicaremos tiempo, pensamiento y esfuerzo a honrarla, exhibirla y protegerla.

Cultivar una actitud de respeto hacia tu cónyuge elevará su matrimonio relacional, emocional, espiritual y hasta físicamente. Establecerán distintas metas para su relación. Considerarán su matrimonio desde ángulos totalmente distintos. Aunque pueda parecer que respetar empieza como una realidad interna, siempre se reflejará *por lo que hacen*, y puede revolucionar su matrimonio.

La palabra descuidada

Millones de parejas que se casan han prometido «amarse y respetarse hasta que la muerte nos separe».

La mayoría de nosotros entiende y capta la parte del amor —compromiso, poner a la otra persona por delante, servicio—, ¿pero qué significa respetar o valorar a nuestro cónyuge? ¿Por qué es algo que pronunciamos una vez, en la boda, y rara vez lo volvemos a mencionar después?

Analizar y comprender lo que significa valorarse el uno al otro enriquecerá, profundizará y fortalecerá espiritualmente nuestros matrimonios. Valorar no es tan solo una palabra para usar y desechar, sino una idea que nos ayuda a entender mejor qué se nos llama a hacer y ser en el matrimonio. Aprender a valorarse de verdad el uno al otro hace que esta relación deje de ser una obligación para convertirse en un deleite. La eleva por encima del compromiso y hace de ella una preciosa prioridad. Valorar es la melodía que hace que el matrimonio cante.

Tristemente, el término *respetar* o *valorar* se usa de forma más popular para las cosas y los recuerdos que para las personas, pero esos usos comunes pueden ayudarnos a comprender lo que significa la palabra. Respetar o valorar algo significa que queremos *protegerlo* (no dejas un Mercedes de cien mil dólares en la calle, con la puerta abierta y las llaves puestas), *honrarlo* («ven a ver mi nuevo coche»), *tratarlo con ternura* (evitar las calles llenas de baches), *cuidarlo* (cambios de aceite y ajuste), y esforzarnos en *mimarlo* (lavados frecuentes y encerado).

Valorar algo es *apreciarlo*. Esto significa que piensas en ello y que, cuando lo haces, sientes gran placer. Le tienes gran afecto.

Si valoras algo, te sales de tus esfuerzos por demostrar lo importante que es para ti y, así, *presumes* de ello. ¿Cuántas veces muestra la mujer recién comprometida su anillo de compromiso a sus amigas y compañeras de trabajo? ¿Cuántas veces le pide el entusiasmado propietario de un coche nuevo a sus amigos que salgan y vean a su nuevo «cariño»?

Si lo aplicamos a las relaciones, cuando valoramos a alguien queremos *protegerle* de forma natural: podría ser una protección física, pero también del tipo emocional o espiritual, su reputación o su salud. Lo *trataremos con ternura,* por lo mucho que nos importa. Buscaremos formas de *cuidarlo* y, al menos de vez en cuando, nos esforzaremos en *mimarlo.* Si respetamos a alguien, le *apreciaremos.* Esto significa que pensaremos en él adrede y, cuando lo hagamos, nos proporcionará gran placer. Traerle a nuestra mente nos hará sonreír. Cuando cultivamos un afecto así hacia alguien, nuestro deseo natural es que otros vean su valía y buscamos formas de *exhibir* a nuestro cónyuge delante de los demás para que puedan disfrutar de su excelencia como nosotros.

En un sentido, el amor es el aspecto de alimentar el matrimonio, mientras que el del respeto es «saborearlo». El amor suple la necesidad; el respeto produce un cosquilleo en la lengua.

«Ella es un encanto»

El diccionario urbano usa la palabra *cherish* (título de este libro en inglés) para describir a alguien increíblemente asombroso. En español usaríamos el término «encanto»: «¡Es un encanto!" [*She is so cherish!*].

Esa frase, «¡Es un encanto!», es el estilo en el que está escrito Cantar de los Cantares. De hecho, así como el amor se conoce por 1 Corintios 13, el cariño y el respeto se captan en Cantar de los Cantares.

- Amar es ser gentil, afable y altruista.

  «El amor es paciente, es bondadoso» (1 Corintios 13.4).

- Valorar tiene más que ver con ser entusiasta y estar cautivado, embelesado.

  «¡Más agradable que el vino es tu amor, y más que toda especia la fragancia de tu perfume!» (Cantares 4.10).

19

- El amor tiende a ser tranquilo y discreto.

  "El amor no es envidioso ni jactancioso"
  (1 Corintios 13.4).

- Valorar es jactarse con valentía y en voz alta.

  «Mi amado es apuesto y trigueño, y entre diez
  mil hombres se le distingue» (Cantares 5.10).

- El amor piensa en los demás sin egoísmo.

  «El amor no es... ni orgulloso. No se comporta con
  rudeza, no es egoísta" (1 Corintios 13.4, 5).

- Valorar es pensar en el amado con alabanza.

  «Tu voz es placentera y hermoso tu
  semblante» (Cantares 2.14).

- El amor no quiere lo peor para alguien.

  «El amor no se deleita en la maldad»
  (1 Corintios 13.6).

- Valorar es celebrar lo mejor de alguien.

  «¡Cuán bella eres, amada mía!» (Cantares 1.15).

- El amor lo aguanta todo.

  «[El amor] siempre tiene esperanzas y se mantiene
  firme en toda circunstancia» (1 Corintios 13.7, NTV).

- Valorar es disfrutar mucho de alguien.

  «Su paladar es la dulzura misma; ¡él es
  deseable en todo sentido!» (Cantares 5.16).

- El amor es compromiso.

  «El amor... todo lo soporta. El amor jamás
  se extingue" (1 Corintios 13.7, 8).

- Valorar es sentir deleite y pasión.

  «Tu nombre es como la fragancia que
  se esparce» (Cantares 1.3, NTV).

Amar y valorar no compiten nunca; se complementan entre
sí y hasta se completan. En ocasiones, ciertamente se superpo-
nen. Cuando procuramos valorar nos convertimos también en
mejores amantes.

Hombres, sus esposas no quieren que se limiten ustedes a
«amarlas» en el sentido de estar comprometidos con ellas; ellas
quieren que las valoren. No quieren que nos detengamos en
«estaré comprometido contigo y no te abandonaré jamás»; ellas
quieren escuchar:

- «Como un lirio entre los cardos es mi amada entre las
  jóvenes» (Cantares 2.2, NTV).
- «Toda tú eres bella, amada mía; no hay en ti defecto
  alguno» (Cantares 4.7).
- «Cautivaste mi corazón, hermana y novia mía, con una
  mirada de tus ojos; con una vuelta de tu collar cautivaste
  mi corazón» (Cantares 4.9).

Y ustedes, mujeres, descubrirán que un marido valorado es
el más feliz de los esposos. Un amigo mío les preguntó a siete amigos suyos, varones: «¿Te ama tu esposa?», y todos ellos

respondieron que sí. Entonces inquirió: «¿Le gustas a tu esposa?», y todos dijeron que no.

Los siete maridos se sentían *amados*, pero ninguno *valorado*.

Los maridos quieren escuchar en boca de sus esposas: «Cual manzano entre los árboles del bosque es mi amado entre los hombres» (Cantares 2.3).

Valorar a tu marido será una motivación para que le busques y, así, eleves la temperatura de tu matrimonio: «Buscaré al que ama mi alma» (Cantares 3.2, RVR1960).

Valorar a tu marido te ayudará a pensar más en sus cualidades más destacadas, y te proporcionará mayor satisfacción en el matrimonio: «Su paladar es dulzura misma; ¡él es todo un encanto! ¡Tal es mi amado, tal es mi amigo...!» (Cantares 5.16).

La buena noticia es que valorar a tu cónyuge es algo que aprendes a hacer. No es un mero sentimiento que viene y va; existen prácticas espirituales y relacionales que generan sentimientos de cariño hacia tu cónyuge conforme actúas sobre ellas, de manera que las *mantienes* cerca de tu corazón. Aprender a valorar *crea* gozo en realidad, realización, felicidad y satisfacción. Es una de esas realidades espirituales que tal vez no tengan un sentido lógico, pero que cuando lo asumes por fe y lo pones en práctica, funciona.

Sencillamente es así.

Aprender a llevar nuestro matrimonio de una educada coexistencia, o incluso solo una amistad básica, al llamado espiritual mucho más elevado de aprender a apreciarse de verdad el uno al otro es de lo que trata este libro. Es un viaje espiritual antes que marital. La Palabra de Dios nos instruirá; necesitaremos que el Espíritu nos empodere y que su verdad nos ilumine, para moldear nuestro corazón de tal manera que seamos capaces de apreciar a aquellos que «comete[n] muchos errores» (Santiago 3.2, NTV), así como nos ama Dios a nosotros que cometemos muchos errores. Si crees que tu matrimonio está casi muerto o muy gastado ya, la esperanza que subyace a apreciarse el uno al otro en el matrimonio se encuentra en esto: *Dios es más que capaz de enseñarnos y facultarnos para tratar y apreciar a nuestro cónyuge como Él nos trata y nos quiere a nosotros.*

Muchos libros sobre el matrimonio te han retado a amar. En este, el reto consiste en valorar, y esto llevará tu amor a un nivel totalmente nuevo. A través del acto bíblico de apreciar o valorar, podemos empoderar a nuestros cónyuges para que lleguen a ser aquello que Dios los llamó a ser y, durante el proceso, a convertirte más en quien se te ha llamado a ser, creando un matrimonio que se sienta más precioso, más relacionado y más satisfactorio.

En modo alguno estoy haciendo de menos al amor como principal calificador del matrimonio bíblico. Este es siempre la espina dorsal de las relaciones bíblicas. Pero cuando estudiamos lo que es valorar, con sus cualidades especiales, vemos que esto añade un lustre sobre el amor, lo hace brillar y, así, añade una chispa especial a nuestra vida y a nuestro matrimonio.

Una visión más alta

«A veces me siento culpable de que nos vaya tan bien».

Jaclyn y Donnie llevan once años casados. Poseen dos negocios y tienen tres hijas, menores de diez años.

La forma en que estos dos se quieren es infecciosa. Hablé con ellos el 21 de marzo, el día que ellos llaman con afecto «el día de Jaclyn y Donnie», porque es el aniversario de su primera cita. Describen su matrimonio como «todo sobre el baile». Como su cocina es tan pequeña, tienen que navegar con la precisión de los Blue Angels, a toda velocidad, pero de alguna manera todavía se las arreglan para hacerlo todo en un espacio diminuto sin tropezar unos con otros. «Esa es la mejor imagen de nuestra vida juntos», indica Donnie.

Tanto Jaclyn como Donnie son los hermanos pequeños de sus familias, con «personalidad de pacificadores» (sus propias palabras), y se esfuerzan por permanecer relacionados. Nunca ven la televisión solos, y esto implica compromiso. «Si yo tengo que ver *Nashville* con ella, ella ve *Agents of S.H.I.E.L.D.* conmigo», afirma Donnie. No quieren tener pasatiempos individuales que los separen. En realidad, ni siquiera permiten que el trabajo los tenga alejados; trabajan en la misma oficina.

Así se mantienen tan en sintonía el uno con el otro, y esto los marca como pareja «que se quiere». Donnie es un experto leyendo el estado de ánimo de Jaclyn y le sirve una copa de vino o le lleva un trozo de chocolate antes de que las cosas se pongan feas con los niños o que el estrés del trabajo/de la vida agrie su humor. En los recesos de quince minutos, cuando sirven como voluntarios en un culto en la iglesia, se reúnen. Si están caminando juntos, se tocan: se toman de la mano o se agarran del brazo. Su lenguaje es intencional; varias veces al día se dicen: «Eres mi preferido/a. ¿Puedo quedarme contigo?». Se protegen y se aprecian en maneras que verás descritas a lo largo de este libro, pero los presento al principio para que ustedes puedan ver que el tipo de matrimonio del que estoy hablando *es* posible.

Necesitamos historias de parejas que luchan, perseveran y salen del otro lado; en *Matrimonio sagrado* cuento muchas historias de esta clase. Pero también precisamos historias de parejas que encuentran el «punto dulce y feliz» del matrimonio. Estos son a los que *Valorar* busca inspirar.

Existe un paralelo en el mundo del arte. El arte romano del siglo I está marcado por su realismo de la vida misma. En las primeras esculturas romanas, los generales y las mujeres tienen cuerpos de verdad e incluso, en muchos casos, arrugas. Los sujetos pueden ser calvos, picados de viruela, regordetes o bajitos. Esto se debe a que las esculturas describen a ciudadanos reales con imágenes reales.

La escultura griega del mismo periodo es más idealista. Al representar con frecuencia a dioses y atletas, tiende a ser más exaltada, e intenta exhibir el ideal de la forma física suprema, la fuerza cincelada y la belleza perfecta.

Mi primer libro sobre el matrimonio, *Matrimonio sagrado*, causó un poco de revuelo al admitir y tratar las realidades difíciles del matrimonio: estudiamos las arrugas del matrimonio y las realidades desagradables ocasionales de relacionarse como dos pecadores. *Matrimonio sagrado* fue, pues, un libro «al estilo romano». *Valorar: la palabra que lo cambia todo en tu matrimonio* es un poco más «griego». Estamos considerando el ideal, sabiendo que es tan maravilloso que tal vez no lo alcancemos nunca del todo, pero creyendo que si lo perseguimos nos conducirá a un lugar tan hermoso que el viaje habrá merecido la pena. Saber que semejante matrimonio existe nos inspira a estirar el brazo un poco más.

Matrimonio sagrado trataba de cómo Dios puede utilizar las dificultades inherentes a cada matrimonio para un buen propósito. *Valorar* es sobre cómo Dios puede darnos un corazón para deleitarnos el uno en el otro y que podamos disfrutar de un matrimonio en el que a veces hasta nos sintamos culpables, por lo bien que nos va.

La mayoría de nosotros no queremos matrimonios en los que apretemos los dientes y nos toleremos el uno al otro, solo porque la Palabra de Dios declara que no podemos «optar» al divorcio. La mayoría de nosotros no queremos matrimonios en los que nuestro cónyuge no nos quiera en realidad, y menos aún que no nos respete. Queremos ser queridos, y queremos estar casados con alguien a quien queramos. Y yo estoy sugiriendo que es posible llegar a ese punto si así nos lo proponemos, aunque hayamos dejado de apreciarnos el uno al otro.

¿No parece que valorar sea más agradable, placentero y satisfactorio que el odio, la indiferencia o la mera tolerancia? ¿Por qué no querríamos crecer en cariño el uno por el otro? ¿Qué nos impide valorarnos el uno al otro? ¿Cuál es el camino de vuelta a aprender cómo valorar a alguien que nos ha herido, decepcionado, frustrado y enojado? ¿Podemos ignorarlo y todavía apreciar o valorar a un cónyuge imperfecto?

Centrémonos en esta segunda palabra, tan a menudo olvidada, en los votos matrimoniales: lo que significa respetar o valorar.

VALORAR EL VALORAR

- En nuestros votos matrimoniales, prometemos amarnos y valorarnos el uno al otro; ¿por qué hablamos, pues, tanto sobre amor y tan poco sobre la valoración?

- Valorar significa esforzarnos en prestarle atención, querer y honrar a alguien, y tenerle en gran estima.

- Cuando valoramos a alguien, nos complacemos en pensar en él/ella, y queremos exhibir su excelencia ante los demás.

- En un sentido, el amor es el aspecto de alimentar el matrimonio, mientras que la valoración es «saborearlo». Amar suple la necesidad; valorar produce un cosquilleo en la lengua.

- El amor se celebra en 1 Corintios; valorar se exhibe en Cantares.

- El tema de este libro es: por medio del acto bíblico de una valoración adecuada, podemos empoderar a nuestro cónyuge para que se convierta en aquello que Dios lo/la llamó a ser y, durante el proceso, convertirte tú más en quien se te ha llamado a ser, creando un matrimonio que se sienta más precioso, más relacionado y más satisfactorio.

- El Dios que quiere a imperfectos como nosotros puede enseñarnos y empoderarnos para que valoremos a nuestros cónyuges imperfectos.

Valorar

Preguntas para
EL DEBATE Y LA REFLEXIÓN

1. ¿Por qué crees que hablamos tanto sobre el amor y tan poco sobre valorar?

2. Describe un matrimonio en el que uno o ambos cónyuges practicaran el valorarse el uno por el otro. ¿Cómo se veía? ¿De qué manera te inspira?

3. ¿Qué te ha impresionado más respecto al contraste entre amar y valorar en 1 Corintios y Cantar de los Cantares?

4. ¿Cómo nos ayuda el amor a entender el valorar, y cómo nos ayuda este a comprender el amor?

5. Describe un tiempo en tu relación en que te sentiste especialmente valorado/a. ¿De qué manera afectó a tu forma de verte a ti mismo/a y a tu relación?

CAPÍTULO 2

El único hombre/la única mujer del mundo

Valorar significa aprender a tener en gran estima a alguien

H ombre, si quieres tener una satisfacción superlativa en tu matrimonio, si te gustaría disfrutar de un amor sin igual por tu esposa, si quieres saber lo que significa de verdad apreciar a tu mujer, vuelve conmigo al principio de los tiempos, cuando Adán caminó por la tierra con Dios.

Aprender a valorar a nuestra esposa nos remonta todo el camino de regreso hasta el jardín del Edén.

Adán observaba a los animales jugar, descubrió toda una amplia variedad de plantas, tenía árboles para escalar y hablaba con un Dios que trascendía toda imaginación.

Pero no había ninguno como él.

Ninguno.

Dios envió sobre Adán un profundo sueño. Cuando este despertó, apenas podía creer lo que veían sus ojos. Delante de él estaba Eva, igual que él en lo más importante, pero también distinta a él, de maneras más importantes.

¡Aquellos labios! Los ojos parecían curiosamente más suaves. Las piernas eran como las suyas, pero en cierto modo gloriosamente diferentes.

¡Senos!

Curvas desde los hombros hasta los pies que, hasta hoy día, hacen suspirar a los hombres.

Y era suya, y él de ella.

¿Qué hacía ese momento especialmente poderoso, transcendental, apasionante?

No había Holly, Shanice ni Sofia.

Solo Eva.

Adán no podía comparar a Eva con Camila ni sus piernas con las de Emma. No podía decir: «Eva es más amable que Janet» o «Eva no es tan inteligente como Claire», porque solo estaba Eva, en toda su gloria, la mujer que definió el término «mujer» para el primer hombre. No podía imaginar a ninguna otra mujer, porque no la había. No podía preguntarse cómo sería si ella fuera más alta, más rellenita o más delgada, más morena, más divertida o más inteligente.

Era solo ella.

La única mujer del mundo.

Y Adán no podía haberse sentido más feliz.

Si quieres sentirte completamente satisfecho en tu matrimonio, si quieres que tu esposa se sienta valorada, trátala en tu mente como a Eva. Que en tu pensamiento sea ella, de esa forma, la única mujer del mundo. Repite con el rey Salomón: «Mas una es la paloma mía, la perfecta mía» (Cantares 6.9, RVR1960).

¿Recuerdas aquel día en que tu novia recorrió el pasillo y te quedaste sin aliento, contemplando a tu mujer en toda su gloria, avanzando para entregarse a ti? En ese momento, para ti no existía nadie más. Ninguna otra mujer te vino a la mente. Cualquier otra persona era como muebles en segundo plano comparada con la gloriosa novia que estaba a punto de convertirse en tu esposa.

He estado junto a muchos hombres en ese momento concreto, algunos de ellos se rompían y lloraban delante de familiares y compañeros de trabajo.

Esto no tiene por qué ser una experiencia de una sola vez en la vida. Puede ser una realidad diaria.

Para valorar a nuestra esposa de esta manera, tenemos que escoger mentalmente no mirar a ninguna otra de ese modo. Si comparamos un diamante de dos quilates con otro de tres, el primero parecerá pequeño en comparación, aunque sea más grande y más caro que el noventa y nueve por ciento de los diamantes de una sortija de boda. Si contrastas una casa cómoda de unos trescientos metros cuadrados con otra de mil metros, la primera ya no parece tan satisfactoria.

Eleva una oración a la que aludo en *Matrimonio sagrado*, una que yo hice al principio de mi propio matrimonio: «Señor, permite que mi esposa sea para mí la definición de lo hermoso. Que ella sea el estándar de lo más atractivo para mí».

Dios ha contestado esta oración, ¡y mi esposa se siente tan revalidada! Comoquiera que ella sea, es quien más me atrae. Ella es la «línea de plomada» de la belleza para mí, una referencia que envejece con ella.

Me asombra tanto que, hace poco, tras treinta y un años de matrimonio, mi esposa estaba de pie frente a mí, sintiéndose estresada, contándome lo cansada que se sentía y lo frustrantes que habían sido ciertos aspectos de su día. Mientras yo intentaba responderle mostrándole por fuera mi empatía, dentro de mí estaba pensando: *Está guapísima. Sigue estando guapísima.*

No podemos llenarnos los ojos con nuestra esposa si ya los tenemos llenos de otra persona. Uno de los muchos peligros de la pornografía es que nos entrena neurológicamente para que nuestra esposa nos parezca menos hermosa.

Estaba trabajando con un joven marido que luchaba en ese ámbito. Tras unas pocas semanas de victoria, vio a su esposa sentada frente a él, en un restaurante, y empezó a sonreír radiante.

—¿Qué ocurre? —preguntó su esposa observando su intenso deleite.

—Estás tan... *hermosa* esta noche.

Ella todavía desconocía lo que yo sabía: sus ojos se habían reciclado y se notaba. Casi se sentía mareado hablando de ello.

Él ganó, ella ganó y hasta Dios sonrió, porque aquella noche su hijo estaba valorando a su hija, exactamente como Él había diseñado que funcionara el matrimonio.

Si quiero valorar el cuerpo de mi esposa debo evitar crear una atracción hacia cualquier otro. Esto no significa que no pueda opinar que otros cuerpos sean atractivos, sino que define la forma en que los miras y dónde permites que llegue tu mente.

Esto va más allá del aspecto físico, por supuesto. No comparo las frustraciones ocasionales de mi esposa con la paz de otra mujer, como tampoco comparo sus aptitudes a los talentos de otra. Si quiero sentir una satisfacción suprema con Lisa, si de verdad quiero *valorarla*, ella tiene que llegar a ser para mí como Eva, la única mujer del mundo. *La única a la que miraré de esa forma.*

Reto a cualquier hombre a que me diga con sinceridad si ha derivado alguna satisfacción duradera y piadosa de contemplar a otra mujer como debería mirar solamente a su esposa; tras un breve momento de excitación, llegará otro periodo más largo de frustración y descontento, seguido por el enojo y el alejamiento marital. Tener fantasías con otra mujer es la autopista hacia el descontento y la distancia en la pareja. Nunca te conduce a tu esposa, sino que más bien te aparta de ella a ciento veinte kilómetros por hora. Así es como creas el descontento, atentas contra cualquier actitud de valorar a tu esposa y destruyes tu propia felicidad.

Adán se sintió tan bendecido —y, a la vez, tan feliz—, porque literalmente no había nadie con quien comparar a Eva. Y aunque ahora habitan millares de millones de otras mujeres en el mundo, nosotros, los hombres, todavía podemos escoger mirar a nuestras esposas como Adán contempló a Eva, como la única mujer que importa de esa forma.

Llenarte los ojos solo con ella.

Sentirte tan encandilado con ella que no existe Juliet ni Jada, ni Anna.

Solo Eva.

Primero es una oración: «Señor, haz que considere a mi esposa como la única mujer del mundo».

Luego es una elección.

A continuación guardamos nuestro corazón y mantenemos nuestro enfoque.

Es algo que requiere un nuevo compromiso cuando tropezamos. Tenemos que volver atrás y orar de nuevo. Tendremos que escoger otra vez.

Pero si seguimos considerándola sagrada, reservando nuestro enfoque mental tan solo para ella, acaba sucediendo: nuestras esposas son valoradas. No solo son nuestra primera elección, sino *la única.*

Nos sentimos felices, satisfechos, realizados.

Al ser tu esposa la definición de la belleza para ti, tu imagen de la mujer más bella del mundo va envejeciendo con ella. No serás un señor de sesenta años que suspira por una modelo de veinticinco. De todos modos, ¿quién quiere ser un tipo así?

Con el tiempo serás un marido de sesenta años fascinado por su esposa de sesenta años y seguirás descubriendo que tu corazón da un vuelco cuando ella te sonríe de esa forma tan particular suya o se presenta ante ti con ese vestido, y el sol le da justo de la forma adecuada, y se te olvida todo lo demás incluido el tiempo.

Has aprendido a valorarla y ha funcionado. Estás fascinado con ella como con ninguna otra mujer.

Hombres, esto es lo que ustedes quieren. Créanme. Es verdad. Es una de las bendiciones supremas del matrimonio que se suele pasar por alto.

Valorar es aprender a considerar lo valioso que es nuestro cónyuge, y esto requiere vigilancia. Es cuestión de práctica. Pero cuando lo consigues —cuando tu esposa es Eva y no hay otra—, te sentirás el marido más bendecido de la tierra.

Tu esposa se sentirá valorada, porque tu adoración será tan genuina como el principio de los tiempos. Tu Padre celestial experimentará gozo, porque se deleita cuando su hija es tan profusamente valorada. Tus hijos se sentirán seguros, porque se alimentan espiritualmente del afecto de sus padres.

Todos salen ganando. Todos.

Pero Adán es quien más gana.

El único hombre del mundo

Señoras, ¿me permiten invitarlas a realizar el mismo viaje de regreso al jardín del Edén, a la puerta de la verdadera felicidad en el matrimonio y sugerirles que la clave para convertirse en la más satisfecha y feliz de las esposas consiste en empezar a ver a su esposo como Adán, el único hombre del mundo?

Las estadísticas de divorcio y las anécdotas personales reflejan que las mujeres tienden a estar más insatisfechas con su matrimonio que los hombres. Es posible que tengan que luchar encarnizadamente contra la embestida de la decepción para no verse arrastradas a la frustración, para no caer en la amargura y acabar siendo cautivas del desdén.

¿Cómo pueden luchar contra el desdén? ¿Cómo pueden aprender a valorar a su esposo como si fuera el único hombre de la tierra?

Aquí tienen la elección espiritual que deben hacer: cuando una mujer se casa, consiente —de forma consciente o no— en aceptar un «compromiso de satisfacción». Reajusta para siempre los límites de lo que constituye su contento. No empieza a comparar a su esposo con otros maridos (la comparación crítica es lo que deberían hacer las novias con sus novios y no lo que deberían hacer las esposas con sus maridos), porque para ella, él debe convertirse en el único hombre del mundo. «Yo soy de mi amado, y mi amado es mío» (Cantares 6.3).

Ustedes ya han hecho su elección. En su mundo ideal, no tienen intención de volver a empezar con otra persona; entonces, ¿por qué no poner su energía y concentrarse en proteger esa elección, construyendo sobre sus puntos fuertes y sintiéndote cada vez más agradecida por haberle seleccionado a él? Piensa en ti como si fueras Eva en el jardín del Edén, allí, delante del primer hombre, Adán. Eva no tenía a nadie con quien compararlo. No podía pensar: *Sus brazos parecen más cortos de lo normal, pero al menos no tiene las cejas corridas.* Lo único que podía pensar era: *Esto es un hombre. Este es mi hombre.* Si no actúan así, sus maridos reaccionarán ante el hecho de estar siendo comparados. Los hombres notan lo que ustedes notan.

Brooks era campeón de natación de la escuela secundaria, no solo de la suya sino también del estado; tuvo tanto éxito que le ofrecieron un puesto como atleta en el programa de natación universitario de Princeton, que él aceptó. Su impresionada novia (que acabó convirtiéndose en su esposa) hacía de vez en cuando una observación displicente cuando veía a algún jugador de fútbol o a alguien tipo Hollywood, particularmente bien «hecho», en lo que a músculos se refiere. Brooks pensó que eso debía de ser lo que Shelby quería, de modo que centró su entrenamiento mayormente en llegar a ser más fuerte y corpulento. El problema es que los nadadores no necesitan tener los hombros o el pecho de un fisicoculturista. En realidad, son cosas que pueden restarle efectividad a la hora de nadar. Así que, sin darse cuenta, Brooks intentaba convertirse en alguien que, en última instancia, tendría menos éxito que cuando atrajo inicialmente la atención de Shelby.

A ella le habría consternado saber lo que Brooks estaba pensando. Cuando admiraba a otros hombres, no estaba expresando desagrado hacia la constitución de Brooks; sencillamente hacía observaciones distraídas sin pretender en modo alguno restar méritos a los puntos fuertes de su novio.

Tristemente, la mayoría de los hombres lo oyen todo con oídos hipersensibles. Observamos cuando se encienden los ojos de una mujer, y cuando no lo hacen también.

Ningún hombre puede serlo todo. Un exitoso ciclista de larga distancia no puede ser fisicoculturista (las únicas personas en el mundo con quien puedo comparar mis brazos sin sentirme mal son los corredores del Tour de France). Un hombre diestro con reparaciones puede arreglar un montón de cosas, pero tal vez considere que el ejercicio o las extensas charlas son tareas y no algo que le entusiasme. Aunque existen excepciones, dedicar el tiempo de uno a convertirse en alguien excepcional en un ámbito concreto suele significar no serlo en un montón de otras cosas.

Como ningún hombre puede serlo todo, uno de los mejores regalos que una mujer le puede hacer es decirle, con los ojos, con su atención, sus palabras y su aceptación: «No tienes que ser más que lo que eres. Eres mi Adán, el único hombre del mundo. *Te* valoro».

Con una actitud así, cualquier cosa que tu marido no sea se vuelve irrelevante: tu hombre no es esto, así que no lo esperas y no sirve de nada preocuparse por ello. Si te casas con alguien que no es un manitas, no le juzgas porque no lo sea. Si te casas con un hombre de pocas palabras, no andas cavilando porque el marido de tu mejor amiga se siente y converse con ella durante horas. Si contraes matrimonio con alguien que opine que el ejercicio consiste en tomar el controlador de un videojuego, no piensas en cómo sería si te hubieras casado con alguien que hiciera triatlones contigo.

En su lugar, piensas en tu hombre como en Adán, el único hombre del mundo. Lo valoras por lo que él es y por quien es, no esperas que sea otra cosa ni lo comparas con otro.

A algunas de ustedes esto puede sonarles extremista, pero dime: ¿qué has ganado comparando los puntos débiles de tu marido con los puntos fuertes de otro esposo? ¿Alguna vez ha hecho que te sientas más feliz o más satisfecha en tu matrimonio... o que seas una esposa más amorosa? ¿Te has sentido más cerca de tu marido por ello y esto te ha proporcionado más gozo? ¿Te ha ayudado en algo que tu marido se convierta en algo que no es?

Por supuesto que no.

Muchas esposas se me han quejado de que sus maridos se sobreponían del estrés del desempleo refugiándose en videojuegos durante horas y horas; entiendo por completo lo frustrante que debe de ser. Y, a pesar de ello, existen numerosas esposas cuyos maridos trabajan mucho, pero las decepcionan de otras formas. Sin embargo, el hecho de que se esfuercen mucho en su trabajo se subestima por completo. Es algo que se da por sentado. «Es lo que hacen los hombres».

No todos ellos, créeme. Desde luego no los que se pasan ocho horas al día jugando con videojuegos, esperando que algún empleador potencial los llame.

La forma en que funciona nuestro cerebro es que *toleramos* los puntos fuertes de nuestro cónyuge, suponiendo que ese es el mínimo aceptable, la base, de modo que si te casaste con un marido superlativo, para ti está justo en la media y son muchas las formas en que todavía te puede decepcionar.

Algunas mujeres, si tuvieran que despertarse y descubrir que el otro lado de la cama está vacío, porque su esposo ya se ha ido a trabajar, adorarían a Dios durante quince buenos minutos. *¡Por fin! ¡Está trabajando!*

Otras mujeres despiertan en una cama vacía y piensan: *Espero que no olvide recoger la ropa de la lavandería de camino a casa, como hizo ayer.*

En algún momento, si quieres tener felicidad marital, si quieres aprender a valorar a un hombre de verdad en lugar de anhelar a un compuesto imaginario, algún marido «Frankenstein» que, de alguna manera, lo tenga todo; entonces tendrás que admitir tu elección e incluso aprender a valorarla. «¡Mi viña solo a mí me pertenece!» (Cantares 8.12).

Te prometo que serás mucho más feliz en tu matrimonio —serás una esposa mucho mejor— con solo orar de principio a fin el relato de la creación de Génesis, y comenzar a pensar en tu marido como en Adán, el hombre que define a todos los demás para ti; a continuación, empieza a tratarlo así. Requerirás entendimiento bíblico, oración y súplicas a Dios («Señor, ayúdame a hacer esto»); un consentimiento intelectual («quiero hacerlo»); por fin, un acto de voluntad resuelto («voy a hacerlo») para pasar por todo este proceso, y reajustar tu cerebro para pensar en tu esposo como si fuera Adán.

Lucha contra la decepción con entendimiento bíblico; confío en que este libro te ayude a hacerlo.

Lucha contra la frustración, pidiéndole a Dios que te dé gratitud hacia tu hombre, que te ayude a verle como lo hace Él, como un hijo suyo.

Lucha contra la amargura, con enfoque intelectual; pensarás en sus excelentes cualidades y habla contigo misma sobre las magníficas virtudes de tu esposo en lugar de escuchar cómo te preocupas por sus ineptitudes.

Si actúas así, el desdén dará paso poco a poco a la valoración.

No es cosa de una sola vez. Te sorprenderás cayendo de nuevo, a veces, en la comparación y tendrás que volver a la casilla de salida y poner el proceso en marcha una vez más. Con el tiempo, se convertirá en tu forma de ver a tu marido. Pensar en él como en Adán será tu modo por defecto. Cuando esto ocurra, descubrirás que le valoras en lugar de sentir desdén hacia él. Verás que te sientes agradecida por sus puntos fuertes en lugar de estar amargada por sus puntos débiles. Experimentarás el gozo de tu Padre celestial que se deleita viendo a sus hijos valorados, alentados y respetados. Serás un fuerte testimonio para cristianos y no cristianos por igual. Proporcionarás uno de los mejores modelos como madre que se pueda ser para los hijos.

Pero no menos importante, hallarás más satisfacción, disfrute, felicidad e intimidad en tu matrimonio. Tu corazón se henchirá de orgullo y serás la envidia de todas tus amigas, la única mujer de su círculo que está total y satisfactoriamente enamorada de su marido y que no puede ni imaginarse estar casada con alguien que no sea él.

Ese es un lugar muy agradable donde vivir.

VALORAR EL VALORAR

- Para hacer que nuestros cónyuges se sientan valorados, y por nuestra propia felicidad y satisfacción, debemos vernos el uno al otro como Adán y Eva, el único hombre o mujer en el mundo.

- El comparar los defectos de nuestro cónyuge con los puntos fuertes de otra persona no aumenta nunca la satisfacción marital, no ayuda a nuestro cónyuge a crecer y solo nos desalienta. Por tanto, deberíamos evitar por completo hacerlo.

- Los hombres necesitan orar para que Dios convierta a sus esposas en la definición misma de la belleza. Deberían conservar y proteger ese momento especial de sentirse fascinados con su novia al verla recorrer el pasillo el día de su boda, y querer que esa sea la realidad diaria.

- Las mujeres luchan con frecuencia contra la decepción en el matrimonio. Ver a sus maridos como Adán las ayudará a vencer este sentimiento.

- Hacer una elección marital establece un nuevo «compromiso de satisfacción». Una vez escogemos con quien casarnos, tenemos que reconocer esa elección, aceptar sus consecuencias y aprender a construir sobre los mejores aspectos del mismo.

- Reconoce que ningún otro cónyuge puede destacar en todo; de hecho, sobresalir en un ámbito casi siempre requiere hacer sacrificios en los demás.

- Uno de los mejores regalos que podemos hacerles a nuestros cónyuges es decirles con nuestras palabras, con nuestro afecto y con nuestras miradas: «No tienes que ser más que lo que eres. Eres mi Eva/Adán, la/el único/a mujer/hombre del mundo. *Te* valoro».

PREGUNTAS PARA
EL DEBATE Y LA REFLEXIÓN

1. Ver a tu cónyuge como Eva o Adán es una forma de describir el acto de aceptar por completo la elección que hiciste cuando te casaste. Habla de lo que significa mental, emocional y espiritualmente aceptar de un modo definitivo y completo esta elección, construir sobre ella y, con el tiempo, hasta disfrutar con ella.

2. Diseña una oración que puedas empezar a usar, pidiéndole a Dios que convierta a tu cónyuge en la definición misma de la belleza. Explica por qué esto es algo espiritualmente saludable y cómo te ayudará a valorarle más.

3. ¿Por qué crees que es más común que sean las mujeres quienes luchan contra la insatisfacción marital y no los hombres? ¿Cómo deberían maridos y esposas responder a esta tendencia?

4. Solo por diversión, invita a los hombres a explicar la «mujer compuesta» ideal. Invita a las mujeres a hablar sobre el «hombre compuesto» ideal. Observa cómo algunos ideales se contradecirán entre sí. ¿Qué crees que nos está enseñando Dios al indicarnos que aprendamos a valorar a un hombre y una mujer reales en lugar de uno/a compuesto/a.

5. ¿Qué puedes hacer en las próximas semanas para asegurarle a tu cónyuge que él es tu Adán o que ella es tu Eva, el único hombre o mujer en el mundo?

CAPÍTULO 3

El matrimonio es como el ballet

Valorar significa aprender a exhibir a tu cónyuge

⸰⸰⸰

El famoso coreógrafo y bailarín estadounidense de origen ruso, George Balanchine, afirmó en una ocasión: «El ballet es una mujer».[1] Los mejores bailarines reconocen que su papel consiste en mostrar la belleza de la bailarina, en particular durante el *pas de deux*, el baile en pareja. Por lo general, las personas van al ballet para ver la hermosa forma, la elegancia, el equilibrio, la coordinación y la fuerza del papel femenino principal, pero todas esas cualidades se exhiben mejor cuando la bailarina tiene a un bailarín que la levante, la atrape y la apoye.

Como exbailarín y posterior coreógrafo, Balanchine declaró que su trabajo consistía en «hacer más bello lo bello».[2]

Con un fuerte bailarín de talento cerca, la bailarina puede hacer e intentar más de lo que podría realizar en un esfuerzo en solitario. En palabras de Sarah Jessica Parker (quien preparó un documental sobre el Ballet de la Ciudad de Nueva York): «Cuando un bailarín está emparejado con una bailarina, puede sostenerla, estabilizarla, levantarla y hacerla girar, permitiendo que su compañera pueda realizar proezas que jamás habría podido llevar a cabo sola».[3]

¿Y si consideráramos que nuestro cometido como maridos y esposas fuera «hacer más bello lo bello»? Al apoyar, estabilizar, levantar y hacer girar a nuestros cónyuges para mostrar las «mejores caras» de sus puntos fuertes y personalidades, pueden llegar a ser y hacer más de lo que habrían sido capaces de realizar por ellos mismos. Básicamente confirmamos la belleza que vemos en ellos, ayudándoles a llegar a ser incluso más hermosos.

Algunos de nuestros cónyuges pueden no darse ni cuenta de que *tienen* un lado mejor. Es tarea nuestra —y nuestro gozo— ayudarles a descubrirlo. Otros pueden no haber permitido jamás que su mejor lado florezca —o incluso que se vea—, porque son inseguros. Si este es el caso, cuando aprendamos a valorarlos, proveeremos el apoyo que necesitan.

«Exhibir» —hacer el cambio mental deliberado para valorar a nuestros cónyuges resaltando su belleza ante los demás del mismo modo en que un bailarín se centra en sostener a su compañera— es una parte fundamental de aprender cómo valorar a nuestros cónyuges. Si dos bailarines se esfuerzan al máximo por atraer la atención por encima del otro, o incluso el uno sobre el otro, la representación va a ser un fracaso colosal y desagradable.

Los maridos pueden adoptar la actitud de los bailarines, y buscar exhibir la belleza de sus esposas. Puede ser la hermosura de la sabiduría, de modo que en los entornos sociales hagamos todo lo posible para asegurarnos de que se la oye. Puede ser la belleza del liderazgo, apoyándola para que pueda forjar una visión en otras mujeres. Puede ser la belleza de la hospitalidad, comprando las cosas que ella necesita y abriendo nuestros hogares (cuando preferiríamos que nos dejaran solos), para que su hermosura pueda exhibirse en su totalidad. Nos recordamos a nosotros mismos: «Hoy, mi tarea consiste en valorarla».

Muy pocos matrimonios se plantearían siquiera el divorcio si cada uno de los cónyuges hiciera que sus primeros comentarios del día, el uno hacia el otro, fueran estos: «¿Cómo puedo apoyarte hoy? ¿Cómo puedo hacer que tu día sea mejor?».

Si las esposas adoptaran esta actitud, apoyando a sus compañeros a realizar hechos que nunca podrían hacer por sí solos, pronto podrían estar casadas con maridos «distintos» con los mismos nombres, más confiados, más en paz, más comprometidos en el hogar. ¿Y si un esposo supiera —en lo más profundo de su alma— que su esposa es su apoyo más firme, su compañera más alentadora? ¿Qué efecto tendría esto sobre él? ¿Y si estuviera dispuesto a arriesgarse al fracaso, fuera en el mundo o en el hogar, con sus hijos, porque supiera que a los ojos de su esposa siempre será su compañero valorado? Ella lo respalda y lo estabiliza; cuando él falla, ella venda sus heridas —espirituales y emocionales—, haciéndolo girar y levantándolo para que siempre se viera su lado más fuerte. ¿Y si cada esposa se despertara y pensara para sí: *Hoy mi tarea consiste en valorarlo presumiendo de su mejor lado ante los demás?*

Un partido excelente

El doctor Hugh Ross, astrofísico canadiense-estadounidense, cautivó la atención de cinco mil personas en la Second Baptist Church, de Houston, cuando, basándose tan solo en las pruebas científicas, dejó claramente en ridículo la postura de *no* creer en Dios.

La facilidad con la que sacó de su mente complicadas ecuaciones numéricas —en respuesta a preguntas espontáneas, y no de notas que tuviera preparadas—, nos dejó a la mayoría de nosotros con la sensación de que estábamos pensando con una especie de cerebro distinto. Sin embargo, casi al final de su charla, el doctor Ross confesó que se encuentra «decididamente en el espectro autista» y que de no ser por su esposa, Kathy, estaría en un lugar muy distinto.

Mientras toda una fila de buscadores de autógrafos esperaban conseguir el del doctor Ross, Kathy me contó su historia de cómo conoció al brillante y joven investigador del Instituto Tecnológico de California, que realizaba sus estudios postdoctorales mientras trabajaba como voluntario en una iglesia.

Hugh era —y es— un apasionado de la ciencia y de Dios; su intelecto abrió muchas puertas que, de otro modo, podrían haber permanecido cerradas, pero sus tendencias autistas estaban perjudicando su influencia. Como amiga, Kathy buscó formas de ayudarle.

—¿Qué tengo que hacer? —le preguntó Hugh.

—Empecemos con el corte de pelo. Y después con la ropa. Las rayas no van bien con los cuadros, por ejemplo. Y necesitas pantalones que tapen tus calcetines, por no hablar de unos calcetines a juego con tus pantalones. Intenta usar ejemplos personales después de explicar un principio espiritual/científico para que las personas puedan relacionarlo con lo que estás diciendo. Ah, Hugh, esto es muy importante: mira a las personas cuando hables con ellas; esto hace una enorme diferencia.

Kathy usó un poco más de tacto y elegancia de los que yo he empleado en esta forma truncada, pero ella recuerda que Hugh sacó literalmente una tarjeta de 8x13 cm y garabateó unas notas mientras ella hablaba. «Corte de pelo. Ropa. Ejemplos. Mirar a las personas a los ojos. Lo tengo».

Hugh fue a Macy's y le pidió al vendedor que le ayudara a combinar la ropa. Fue a cortarse el pelo y sencillamente le indicó al peluquero que le hiciera parecer «normal». No solo se concentró en lo que estaba diciendo, sino también en cómo lo expresaba, y no se olvidó de mirar a las personas a los ojos.

El nivel de su impacto avanzó a pasos agigantados, y esto hizo que Hugh se sintiera agradecido al máximo con Kathy.

Ella empezó a sentir que su corazón albergaba sentimientos románticos hacia Hugh, pero me dijo que no podía imaginar que un hombre con el intelecto y el impacto de Hugh pudiera interesarse en ella. Además, con todo el tema del autismo, ¿cómo funcionaría aquello? El corazón de ella estaba decidido, antes que nada, en servir a Dios. «Padre celestial», había orado ella con frecuencia, «si puedo ayudar a alguien para que venga a conocerte, eso es lo que quiero hacer».

Por esta razón Kathy se sintió tan atraída hacia Hugh; vio lo que él ya estaba haciendo en beneficio de la obra de Dios en la tierra; pero, además, percibió un potencial por explotar si Hugh tenía el apoyo adecuado. Tal vez ella podría alcanzar a más personas ayudándole a él que si seguía con sus propias actividades ministeriales.

Hugh descubrió que su propio corazón también estaba anhelante. En la forma práctica típica de quienes se encuentran en la escala autista, su invitación «romántica» fue la siguiente: «Kathy, me gustaría pasar más tiempo contigo. Con mis estudios y mi trabajo en la iglesia, solo tengo un día libre a la semana, ¿pero te gustaría pasar ese día conociéndonos mejor el uno al otro?».

Lo creas o no, fue suficiente para derretir el corazón de Kathy. Empezaron a salir juntos, se comprometieron y llevan décadas de matrimonio sirviendo fielmente al Señor, juntos.

Le describí a Kathy la metáfora de «el matrimonio es como el ballet», y sus ojos se iluminaron; describe su vida. Ella encontró a un hombre brillante, pero socialmente torpe. Apoyándolo, entrenándolo, alentándolo y amándolo, ha presumido de su genialidad ante el mundo. Muchos han llegado a aceptar el evangelio por el testimonio de Hugh y su persuasión intelectual; en otros, la fe se ha solidificado. Y Kathy ha estado justo al lado de Hugh todo el camino.*

Lo que hace que el matrimonio de los Ross funcione tan bien es que Hugh no critica a Kathy por no ser astrofísica, y ella no espera que él actúe como un hombre que no tiene algunos efectos persistentes de autismo. Hugh sabe que no estaría donde está sin Kathy, y ella cree que el impacto de su vida se ha visto inmensamente resaltado por el ministerio de Hugh, y no disminuido. A ella no le avergüenza su autismo; se siente orgullosa de cómo Dios le está usando. Ella ha dedicado su vida a exhibirlo.

En resumen, es una pareja que se valora, en la que se edifican mutuamente. Al haber aceptado lo que cada uno de ellos era y lo que no era, en realidad han llegado a ser más de lo que habrían sido como individuos. Se apoyan, se levantan, se giran y se exhiben el uno al otro, permitiendo que el/la compañero/a brille en lo que mejor se le da.

En lugar de que su amor disminuya por las imperfecciones del otro, Kathy y Hugh valoran los dones de cada uno, los

---

* Si quieres una imagen de su impacto, accede a la página web www.reasons.org.

exhiben y, así, los resaltan. Juntos se maravillan por lo que Dios ha hecho; ambos han llegado a ser mucho más como equipo de lo que cualquiera de los dos habría podido ser como individuo. Lo bello se ha convertido en algo más bello aún. Este es el poder de valorar.

Hacer música

Cuando se le preguntó a Leonard Bernstein, el famoso director de orquesta, cuál era el instrumento más difícil de tocar, sorprendió a muchos respondiendo que era el *segundo* violín.

«Puedo conseguir muchos primeros violinistas, pero encontrar a uno que toque el segundo violín con el mismo entusiasmo, la trompa (o corno francés) o la segunda flauta, es un problema. Y, sin embargo, si nadie interpreta el acompañamiento, no hay armonía».[4]

Aprender a valorar significa aprender a sentirse satisfecho de tocar el segundo violín. En su raíz, es algo muy bíblico. Jesús hizo alusión a esto cuando declaró: «El Hijo del hombre no vino para que le sirvan, sino para servir» (Mateo 20.28). Si queremos ser como Jesús, tenemos que buscar las oportunidades de tocar el segundo violín. Y aunque Él no está tocando, explícitamente, el tema del matrimonio en el pasaje anterior, ciertamente es el lugar ideal para cultivar esta actitud.

Los matrimonios hermosos, armónicos, son como el ballet y la sinfonía. No solo existe un bailarín o una nota. Se forman preguntándonos a nosotros mismos, con regularidad: «¿Estoy intentando exhibir a mi cónyuge o estoy obsesionado con que mi cónyuge no actúa así conmigo?».

Valorar

El día que empieces a pensar que el éxito en los negocios, en el ministerio o la felicidad personal es más importante que valorar y exhibir a tu cónyuge será el día en que dejes de apreciarle y empieces a sentirte más distanciado de él. *Básicamente, estarás teniendo una aventura contigo mismo/a*, y cuando estás valorando a otra persona, tu intimidad con tu cónyuge no podrá seguir creciendo.

Es espiritualmente imposible.

Quiero dejar esto claro: cuanto más te centres en ti mismo/a y tengas una aventura contigo mismo/a, menos valorarás a tu cónyuge.

Imagina lo absurdo que se vería si una mujer recién prometida levantara su mano izquierda y dijera: «No presten atención al anillo; ¡fíjense en mi nudillo!». Igual de absurdo es, en el ámbito espiritual, cuando nos negamos a tocar el «segundo violín» y nos ponemos nosotros mismos/as y nuestro éxito por encima de nuestro amor por nuestro cónyuge.

Un tipo de placer distinto

Aprender a exhibir a nuestro cónyuge de este modo requiere que aprendamos a apreciar un tipo de placer distinto: el de nuestro cónyuge por encima del nuestro.

Exhibir es exactamente lo contrario a ser egoísta.

El amor mundano ama, por lo que consigue a cambio:

«Te amo, porque me haces sentir tan bien».

«Te amo, porque me haces feliz».

«Te amo, porque eres tan adorable».

Las parejas enamoradas no *piensan* así, pero sí *sienten* de este modo, y esta es la razón por la que pueden llegar a estar tan amargadas y resentidas cuando el enamoramiento se desvanece y tienen que intentar reconstruir un matrimonio íntimo basado en la autenticidad y el servicio.

Ten mucho cuidado si, cuando has leído la historia de Hugh y Kathy, tu primer pensamiento ha sido: *¡Vaya! ¿Por qué mi cónyuge no me exhibe a mí como Kathy lo hacía con Hugh?*

Valorar a nuestro cónyuge no es algo que se consiga haciendo que se sienta resentido, sino exhibiéndolo y esto requiere cierto olvido de uno mismo y la determinación correspondiente de centrarnos en él/ella. Expresado de otro modo, el llamado a valorar no significa apreciar que tu cónyuge te complazca, sino complacerte tú en su placer. Valorar es estar lleno de gozo, no porque tu cónyuge te produzca gozo, sino porque el gozo de tu cónyuge te produce gozo a ti. Te sientes más entusiasmado/a por sus bendiciones que por las tuyas. Valorar es casi desear con desesperación que otros vean el lado mejor de tu cónyuge como tú lo ves.

Imagina a un bailarín que acaba de apoyar, lanzar, recoger, girar y exhibir a la bailarina, y que la alza para su movimiento final, un movimiento tan poderoso, elegante y brillante que cuando se detiene bajo la iluminación del foco, la audiencia se pone en pie en una atronadora ovación.

Y el bailarín da un paso atrás y se pierde entre las sombras, con el corazón acelerado por el esfuerzo y el placer.

Adoran a la bailarina, de modo que él ha hecho su trabajo. La ovación que el público, puesto en pie, le está dedicando a ella le produce gran gozo a él.

Esto es lo que significa valorar.

Esta curiosa verdad resulta difícil de creer para algunos/as de ustedes: cuanto más valores a tu cónyuge, más gozo tendrás en tu relación. Ver cómo otros adoran y admiran a tu cónyuge hace que tu corazón lo admire mucho más. Exhibir puede parecer una extraña puerta trasera a la felicidad, pero créanme: funciona. Cuando obtienes tu mayor gozo proporcionándole gozo a tu cónyuge, *el matrimonio despega.*

Cuando mis amigos Dennis y Barbara Rainey fueron a un retiro privado para matrimonios, poco después de que sus hijos abandonaran el nido, planearon pasar tiempo debatiendo sobre lo que esta etapa de la vida significaba para Barbara y lo que suponía para Dennis. Nunca llegaron a la segunda parte, sino que pasaron tres días planificando las implicaciones para las nuevas oportunidades ministeriales de ella.

Dennis es un hombre ocupado; es «pastor principal» de una organización con un presupuesto que ronda las decenas de millones. Sin embargo, mostró su integridad consintiendo en centrar todo el tiempo del que disponían en lo que su esposa podía hacer, debatiendo sobre el apoyo que ella necesitaría en una nueva etapa de vida. Dennis no solo habla de matrimonio y familia; lo vive.

¿Cómo puedes valorar mejor a tu cónyuge para que él o ella pueda convertirse en la persona que Dios diseñó que fuera? ¿Qué tienes que hacer en privado? ¿Qué tienes que hacer en público? ¿Cuál es la mejor forma para exhibir a tu cónyuge particular con su personalidad y talentos particulares, mientras lo/la ayudas a vencer sus vulnerabilidades y debilidades?

Si tu cónyuge es introvertido/a, en vez de empujarlo/la al centro del escenario, quizás suponga asegurarte de estar junto a él o ella en situaciones sociales, porque necesite tu apoyo. Esto no te molesta; no si valoras a tu cónyuge. Te consuela saber que tu cónyuge se siente cómodo/a.

Si tu cónyuge necesita tiempo a solas, exhibir puede significar ofrecerle oportunidades para que pueda irse solo/a. Esto no te incomoda ni te lo tomas de forma personal, sino que buscas una tranquila satisfacción sintiendo que se están supliendo sus necesidades.

Exhibir es, de todo punto, hacer que lo hermoso lo sea aún más.

En su libro *Marriage Rebranded* [Matrimonio renovado], Tyler Ward escribe: «Si no amas bien a tu cónyuge, es posible que él o ella no viva su potencial para el bien en el mundo... Conforme aprendemos a amar y, por tanto, a dar a nuestro cónyuge, no solo nos convertimos en la mejor versión de nosotros mismos, sino que le ofrecemos la oportunidad de convertirse también en la mejor versión de sí mismo/a. El amor es, pues, dar por el bien de aquello en lo que se puede convertir nuestro cónyuge».[5]

El amor es dar por el bien de aquello en lo que se puede convertir nuestro cónyuge.

Probablemente, el problema raíz del noventa por ciento de las parejas que vienen en busca de mi asesoramiento es que ambos quieren tocar el primer violín. El concepto de valorar —apreciar a alguien, atesorarlo, querer exhibir su belleza como la mujer recién prometida presume de su anillo de compromiso, complaciéndote en el placer de tu cónyuge— nos ayuda a recuperar de nuevo una actitud mejor, más productiva y que realce más la intimidad.

Pueden tener todo lo demás en el matrimonio —hasta pueden ser perfectamente compatibles—, pero si dejan de exhibirse el uno al otro, el matrimonio se irá marchitando, por no decir que se volverá francamente desgraciado. Señores, no importa lo fuertes que sean ustedes como bailarines; podrían tener los brazos de un campeón olímpico y cuádriceps como troncos de árbol, pero si dejan caer a su bailarina en lugar de recogerla; si se ponen delante de ella en lugar de elevarla; si flexionan sus músculos en lugar de exhibir los de ella, la representación de ese ballet va a ser muy desagradable.

El romance es voluble, impredecible y frágil. Viene y va, por lo general sin avisar, y lanza a ambas partes de la pareja a una persecución furiosa para recuperar la chispa. La valoración que se expresa en la exhibición es deliberada e intencionada, y proporciona una senda coherente para que la intimidad y la felicidad maritales vayan siempre en aumento.

VALORAR EL VALORAR

- El matrimonio cristiano es como un «ballet relacional». Apoyar, estabilizar, elevar y hacer girar a nuestro cónyuge para que se vean los «mejores lados» de su fuerza y personalidad hacen que nuestro cónyuge pueda llegar a ser y a hacer más de lo que podría haber conseguido por sí solo/a.

- Un matrimonio que valora es un matrimonio que aprende a sentirse satisfecho tocando el segundo violín y haciendo que lo bello lo sea aún más. No podemos valorar a nuestro cónyuge si estamos teniendo una aventura con nosotros/as mismos/as.

- El llamado a valorar no consiste en apreciar ser complacido por tu cónyuge, sino en complacerte en su placer.

- Exhibir significa resaltar los puntos fuertes de la pareja en público —hacer lo bello más bello aún— y alimentarlos en privado.

- Cuanto más valoras a alguien, más gozo sacas de tu matrimonio. Cuando obtienes tu mayor gozo produciéndole gozo a tu cónyuge, *el matrimonio despega.*

PREGUNTAS PARA EL DEBATE Y LA REFLEXIÓN

1. Explica la confianza que debe existir entre las parejas de ballet: la mujer debe confiar en que el hombre la va a recoger, el hombre aprende a hacer que ella se vuelva hacia la multitud y a saber que ella debe confiar en él. ¿Cómo puede afectar esta imagen a tu forma de considerar el matrimonio?

2. Gary afirma que, en ocasiones, nuestro cónyuge tal vez no se dé cuenta de que tiene un «lado mejor». ¿Qué puntos fuertes o talentos podría tener tu cónyuge, y no ser consciente de ellos, que tú puedas cultivar y hacer aflorar en él o ella?

3. ¿De qué forma puede el que tengas una «aventura contigo mismo» hacer que sea

imposible disfrutar por completo del matrimonio con tu cónyuge?

4. Hugh y Kathy Ross son realistas sobre los puntos fuertes y los defectos que tienen cada uno de ellos. Valorarse el uno al otro no nos llama a negar la realidad, sino a aceptarla y tal vez a mejorarla (lo veremos en capítulos posteriores). Describe cómo sería en tu matrimonio el valorarse el uno al otro según el más alto ideal. Sé específico/a y personal.

5. ¿Cómo puedes «exhibir mejor la belleza de tu cónyuge» el próximo mes? Piensa al menos en uno o dos ejemplos concretos.

6. Después de leer este capítulo, ¿cuál crees que es la diferencia entre valorar a tu cónyuge y estar enamorado/a de él/ella?

CAPÍTULO 4

Tu honra

Valorar significa fijarse el uno en el otro y honrarse

⁓⊱⊰⁓

Un hombre y su esposa se sentaron frente a mí en la iglesia; el marido también tenía a su otro lado a un amigo. Cada vez que el pastor decía algo divertido o incisivo, el hombre miraba hacia su amigo y compartía el momento. En ese momento exacto, la esposa volvía los ojos hacia su esposo con una palpable expectación en la mirada que se desvanecía al ver que él se había girado hacia el lado contrario.

Esto sucedió tres o cuatro veces.

Hacia la quinta, ella dejó de mirarle.

Se quedó con la mirada al frente, con una expresión fija en el rostro que podría haber congelado el planeta Mercurio.

El marido seguía sin darse cuenta. Se lo estaba pasando más que bien compartiendo aquellos momentos incisivos y risas con su amigo.

He hablado con suficientes matrimonios como para poder imaginar sin dificultad la conversación de camino a casa.

—¿Qué ocurre, cariño?

—Nada.

—Pareces disgustada.

—¿Por qué habría de estarlo?

—No tengo ni idea. Por eso te pregunto.

Esta respuesta la enfada mucho más, claro está. Esto, a su vez, le enoja a él que piensa que ella está siendo muy poco razonable.

Ella está enfadada por esto: no se siente valorada. Quiere compartir la vida contigo y tú (quizás sin querer) la estás compartiendo con un colega. Te parece tan inofensivo: «Solo estoy compartiendo un momento con mi amigo. ¿Acaso se supone que no deba tener otros amigos?».

Ella también quiere que la valores. Has acabado ignorando a tu esposa y tratándola como si no estuviera allí. Hacer que el cónyuge se sienta invisible es lo opuesto a valorar, y crea sentimientos de aislamiento y no de pertenencia.

El problema no es tu amigo como tampoco lo es, en última instancia, un pasatiempos, un trabajo, un videojuego, un hijo o incluso una adicción.

Es una cuestión de *honra*, de que se *fijen en uno/a*.

Si queremos valorar a nuestro cónyuge, tenemos que fijarnos siempre en él/ella, que es otra forma de decir que tenemos que seguir honrándole.

Dolor pasivo

Si le pidieras a la mayoría de los hombres que definan el maltrato emocional, el noventa por ciento de nosotros respondería: «Gritar, chillar, vociferar cosas crueles, usar palabras que hieren».

Y, a medias, tendríamos razón. El maltrato emocional es también *retener* el amor, el aliento y el apoyo. Puede ser un pecado de privación en la misma medida que un pecado de comisión. Considéralo de esta forma: si un hombre responde al dolor haciendo el vacío, podría decir que no está haciendo nada malo, porque no está diciendo nada malo; sin embargo, en ese contexto, el silencio en sí mismo es hiriente (a propósito, en la mayoría de los casos). Esto es el maltrato emocional.

Dado que la inmensa mayoría de nosotros prometemos el día de nuestra boda «amarnos y respetarnos» el uno al otro hasta que «la muerte nos separe», el deseo de un hombre o una mujer de ser valorado/a por su cónyuge es razonable, de modo que retener la valoración puede elevarse hasta el grado del maltrato emocional. Es un deseo razonable (no «necesitado») de que nuestro cónyuge nos preste atención y nos honre, como también lo es que un niño pequeño sea alimentado por sus padres.

Cada vez que una esposa o un marido mira a su cónyuge para compartir un momento, y ve a su amor preocupado con otra persona o cosa, es como si le hubieran echado un cubo de hielo relacional por la cabeza.

Mata la intimidad.

El doctor John Gottman, catedrático de la Universidad de Washington y experto en matrimonio, escribe: «Sin honra no funcionarán ninguna de las aptitudes del matrimonio que uno pueda aprender».[6]

Honrar a nuestro cónyuge es una parte fundamental de lo que significa valorar. Honrar a alguien es tenerle en alta estima. Cuando una reina te saluda, te inclinas o haces la reverencia. Cuando un juez entra en la sala del tribunal, te pones de pie.

Valorar

Cuando un cónyuge valorado entra en la habitación o dice algo, le honras y le valoras prestándole atención. Puedes honrar a alguien sin valorarle, pero no puedes valorar a alguien sin honrarle. Cuando no valoras a tu cónyuge, básicamente le estás deshonrando. El doctor Gottman insiste en que, sin honra, no tendremos un matrimonio feliz. No tendremos un matrimonio exitoso. Si intentamos aplicar brillantes «consejos» maritales (ejercicios de comunicación, lenguajes del amor, resolución de conflictos), pero dejamos de centrarnos en honrarnos y valorarnos el uno al otro, es como encender una vela y privarla de oxígeno. La llama tendrá una vida muy breve. Ninguna estrategia funcionará sin ser alimentada por el aire fresco de la valoración.

La mujer invisible

Señores, contemplen la música que crean las mujeres y tendrán una imagen de cómo se sienten muchas de ellas deshonradas por los hombres. Aretha Franklin se propulsó a lo más alto de las listas de éxitos con su famosa canción, de los años setenta, que exigía un poco de «R-E-S-P-E-T-O». Más recientemente, un grupo compuesto solo por mujeres, con el nombre casual (para nuestros propósitos) de Cherish (que es el título de este libro en inglés), ha publicado un *single* titulado «Unappreciated» [Menospreciada]. A comienzos del 2016, el video había tenido *siete millones y medio* de visualizaciones. Al parecer, cuando Cherish canta habla en nombre de millones de mujeres: «Y últimamente me he estado sintiendo menospreciada/Cuando estás aquí es como si yo fuera invisible».

Escucho este último sentimiento muchas veces: «Es como si fuera invisible». Nicole Johnson escribió todo un libro sobre «la mujer invisible», que describía cómo tantas esposas se sienten invisibles en su propio hogar.[7] Hablan y nadie escucha. Nadie les pide su opinión, solo su permiso de vez en cuando. Estas mujeres van, quizás, a una cena con su marido, ven como este mira a otra mujer a los ojos, parece interesado y le hace preguntas para sacar conversación; y duele una barbaridad no poder recordar la última vez que su esposo la miró así, le hizo una pregunta como esa o la escuchó de esa manera. Tan pronto como se meten en el auto para volver a casa, su invisibilidad se la traga. Ahora sabe que su marido todavía es capaz de valorar a una mujer —¡lo ha visto en acción!—; entonces, ¿por qué no puede valorarla *a ella*? Al día siguiente entra en una sala en la que están su esposo y sus hijos, dice algo y nadie se molesta siquiera en responder, como si ella no existiera.

Es invisible.

En su propio hogar.

No hacer algo bien *es* hacerlo mal.

Un marido que conozco les da a sus hijos un instante para levantar la vista en cuanto su madre empieza a hablarles. Si los niños no responden *de inmediato*, él apaga cualquier cosa que ellos estén mirando en ese momento.

«¿Están ustedes ignorando a propósito a su madre justo ahora?», pregunta. «Porque eso no va a suceder en esta casa. Si no pueden dejar a un lado lo que estén viendo, yo lo haré por ustedes sin pulsar pausa ni guardarlo. Cuando su madre habla, ustedes le prestan atención».

Su esposa no se siente nunca invisible; se siente valorada.

Se trata de honra

Durante el tiempo en que escribí este libro, pregunté a las esposas qué hace que se sientan valoradas, y fue como soltar a una jauría de perros de caza tras la pista de un zorro inglés: se pusieron en marcha con sus respuestas. Cuando pregunté a los maridos: «¿De qué forma te sientes valorado por tu esposa?», recibí miradas de curiosidad y un «¿De qué estás hablando?».

Muchos hombres piensan que la valoración es algo que las esposas quieren, y sienten que son menos hombres si ellos usan esa palabra. De modo que aprendí a formular mi pregunta de otro modo: «¿Qué hace tu esposa que te hace sentir especial? ¿Honrado? ¿En tu lugar?».

Y la respuesta más típica fue: «Bueno, ¿quieres la respuesta del millón, o la verdadera?».

Sé que esto sonará a estereotipo; sin embargo, para un gran porcentaje de hombres, si no se les presta atención entre las sábanas, todo lo que ocurre fuera del dormitorio se niega. Yo diría que esto es particularmente cierto cuando un hombre tiene veintitantos, treinta y tantos o cuarenta y tantos años. Por lo general, una esposa no puede sobrestimar la vulnerabilidad que un hombre siente en ese periodo de la vida ante el sexo. Como pastor, suelo alentar a los maridos más jóvenes y se me recuerda el ataque casi diario que muchos varones sienten al intentar vivir con integridad en un mundo pornográfico.

Señoras, quizás les ayude pensar en los deseos sexuales de sus esposos como un requisito que deben honrar. Muchos hombres trabajan tan duro, no solo para contribuir al presupuesto familiar, sino para ser fieles a sus votos matrimoniales. Existen muchas fuerzas espirituales y físicas que intentan inyectar transigencia en el alma de tu hombre. Tu afecto físico es una forma de honrar su compromiso, su batalla y sus deseos físicos.

Los maridos con los que hablé, y que se sentían más valorados por sus esposas —más *honrados*— se sentían mimados en el ámbito sexual. Quieren una esposa que proclame: «Todo él, deseable. Este es mi amado y éste es mi amigo» (Cantares 5.16 NBLH).

Del mismo modo que una mujer quiere que se le preste atención y se la tome en serio cuando habla, cuando entra en una habitación, cuando llama a su marido, y no quiere que él siga mirando su teléfono inteligente cuando se supone que está conversando con ella, los maridos también quieren atención en la oscuridad.

Es probable que tu marido no use este lenguaje, pero se siente deshonrado cuando tú quieres hacer un centenar de tareas distintas aparte de hacer el amor. Cuando tu esposo es más joven y siente que los hijos son antes que él y cuando la frecuencia de la intimidad sexual va después de la colada y solo ligeramente antes que la limpieza de las cañerías, es como si le hablaras a tu marido y, de repente, te dieras cuenta de que no ha oído ni una sola palabra de lo que has estado diciendo.

Deshonrado.

Un principio clave para honrar a tu cónyuge es entender que la persona que está siendo honrada tiene que determinar cómo quiere serlo. Así es como funciona, en lo espiritual y en lo físico. Durante una maratón particularmente calurosa, pasé corriendo por delante de una familia que repartía polos helados. Eran pura azúcar y aguas y, al estar congelados, estaban muy fríos; me sentiré agradecido a esta considerada familia durante el resto de mi vida. Fue un placer perfecto en la segunda mitad de una maratón canicular.

Valorar

En cualquier otra maratón en la que he corrido ha habido legiones de personas repartiendo Vaselina. Las rozaduras pueden ser un problema, pero he aprendido a prepararme para ello con antelación, de modo que no me he detenido nunca —ni una sola vez en trece maratones— para tomar la vaselina ofrecida. Sin embargo, en cada carrera hay alguien que me la brinda. Tu marido no sentirá que le prestas atención si intentas darle vaselina cuando lo que realmente necesita en un polo helado. Sus necesidades determinarán lo que hace que se sienta honrado, y si la vaselina no es una necesidad, no se sentirá tan agradecido cuando se la brindes. Si lo que de verdad quiere es una esposa que dedique más tiempo y pensamiento al sexo, y ella intenta hacer todo lo demás, él no se sentirá honrado ni valorado.

Se sentirá *invisible*.

Sé que odias sentirte así, de modo que tal vez esta imagen te ayudará a entender lo que significa para un marido sentirse ignorado en el dormitorio.

Por supuesto, es algo que funciona en ambos sentidos. Un número cada vez mayor de esposas sufren porque la libido de sus maridos es menor que la suya. Quieren ser valoradas como Salomón apreciaba su amor en el Cantar de los Cantares: «¡Eres muy bella, amada mía! ¡Eres una mujer encantadora!» (7.6, TLA), de manera que la esposa se jacta: «Yo soy de mi amado, y para mí es todo su deseo» (7.10 NBLH).

Señores, cuando sus esposas oigan hablar a otras mujeres sobre la constante búsqueda sexual de parte de sus maridos y tu esposa ni siquiera pueda recordar cuándo fue la última vez que tú te acercaste a ella, también se sentirá deshonrada. Este ya no es un mundo de «los hombres siempre quieren y las mujeres pueden tomarlo o dejarlo»; nunca lo fue. Algunos hombres pierden el interés por motivos de salud, sobre todo por el aumento de peso y por hacer dieta. Otros se ensucian el cerebro mirando porno. Cualquiera que sea la causa (no me estoy refiriendo a una incapacidad física por la edad o por enfermedad), las mujeres ignoradas o no buscadas sexualmente rara vez se sienten valoradas.

Señores, nuestra expresión sexual no tiene que ver con satisfacer nuestras necesidades, sino con honrar a nuestras esposas afirmando su belleza, su encanto y su atractivo. Cuando son deseadas sienten que se les presta atención. En una era de pornografía, tenemos que «conservar» nuestro interés sexual y guardarlo para nuestro matrimonio, para que nuestras esposas se sientan debidamente deseadas y valoradas. El anhelo sexual es una parte de valorarse y honrarse el uno al otro: «Sea el matrimonio honroso en todos, y el lecho matrimonial sin deshonra» (Hebreos 13.4 NBLH).

Darse preferencia el uno al otro

Romanos 12.10 nos dice «dándose preferencia unos a otros» (NBLH). Aunque no trata específicamente sobre el matrimonio, si esto mismo se puede decir de los miembros dentro de la iglesia, debería serlo *especialmente* entre marido y mujer. Literalmente se nos ordena «dar preferencia» a nuestro cónyuge mostrándole honra. Aquí tienes una forma coloquial de decirlo:

«Intenta valorar cada día a tu esposa más de lo que ella te valora a ti».
«Intenta valorar cada día a tu marido más de lo que él te valora a ti».

¿Acaso no hacemos, por naturaleza, lo contrario? En vez de preguntar cómo podemos valorar a nuestro cónyuge, nos obsesionamos con: «¿Por qué no puede amarme como yo lo/la amo?». Tu llamado bíblico consiste en centrarnos en dar preferencia a tu cónyuge a la hora de mostrar honra. Tus mejores esfuerzos deberían ser para honrarle incluso más de que él te honra a ti. Hasta podrías pensar: *Me alegra que él ponga el listón un poco más bajo; de otro modo yo no podría ser fiel al mandamiento de superarle.*

¿Cómo crees que cambiaría tu matrimonio si ambos (o incluso uno de los dos) se despertara con el objetivo diario de superar a su cónyuge en mostrarle honra? Tendrías que planear. Tendrías que poner unas cuantas cosas en marcha. Y esa es la motivación subyacente a la valoración: la búsqueda activa de honrar, exhibir, prestar atención, servir y adorar.

Al final del día, en vez de sentirte resentido/a por parecerte que has dado más amor del que has recibido, habrá gozo por estar caminando en obediencia. Te propusiste superar a tu cónyuge al mostrarle honra y lo has logrado. No se lo harías notar a tu cónyuge, claro está, o socavarías los esfuerzos de todo un día. En su lugar, hallarás un silencioso consuelo en el hecho de que estás haciendo la voluntad de Dios.

Una forma práctica de aprender a dar preferencia a tu cónyuge mostrándole honra es intentar «pillar más ofertas» que él/ella.

Pillar las ofertas

Cuando el doctor John Gottman estaba realizando una investigación directamente relacionada con la felicidad en la pareja, él dividió a los matrimonios en dos grupos: «los expertos» y los «desastres». Observa que, a lo largo del día de cada persona, uno de los cónyuges presentará «ofertas» para captar la atención del otro. En nuestro lenguaje, podríamos describir estas propuestas bajo el aspecto de la pregunta: «¿Me sigues valorando?».

Lo que el cónyuge hace en respuesta a estos intentos tiene un impacto enorme en la conexión y la felicidad conyugales. Emily Esfahani Smith, que escribe para *The Atlantic*, explica:

A lo largo del día, los cónyuges solicitan conexiones, lo que Gottman denomina «ofertas». Por ejemplo, pongamos que el marido es un entusiasta de los pájaros y que observa cómo cruza el patio un jilguero. Podría decirle a su esposa: «¡Mira qué pájaro tan hermoso, ahí afuera!». No solo está comentando aquí sobre el pájaro: está pidiéndole una respuesta a su esposa —una señal de interés o apoyo—, esperando conectar, aunque solo sea por un momento, respecto al pájaro.

La esposa tiene ahora una elección. Puede responder «volviéndose hacia él» o «apartándose de él», como explica Gottman. Aunque el intento del pájaro puede parecer menor y absurdo, en realidad puede revelar mucho sobre la salud de la relación. El marido pensaba que el ave era lo bastante importante para sacarlo a relucir en la conversación y la pregunta es si la esposa lo reconoce y lo respeta.

Las personas que se volvieron hacia su cónyuge en el estudio respondieron acoplándose con el ofertante, mostrando interés y respaldando la puja. Quienes no lo hicieron o respondieron mínimamente y siguieron con lo que estaban haciendo, como ver la televisión o leer el periódico, a veces respondían con franca hostilidad, diciendo algo como: «Deja de interrumpirme, estoy leyendo».

Este tipo de interacciones tiene profundos efectos en el bienestar marital. Las parejas que se habían divorciado después de seis años de matrimonio habían experimentado «propuestas de acercamiento» un treinta y tres por ciento de las veces. Solo tres de cada diez propuestas de conexión emocional fueron satisfechas con la intimidad. Los matrimonios que seguían juntos después de los seis años tuvieron «propuestas de acercamiento» el ochenta y siete por ciento de las veces. En nueve ocasiones de diez, satisfacían las necesidades emocionales de su cónyuge.[8]

La obra del doctor Gottman demuestra que si queremos valorar a nuestro cónyuge, debemos aprender a tomar un interés activo en aquello que le interesa. Esto es lo que significa honrar y prestar atención. Podemos practicar el escuchar y después responder, con el objetivo de elevar nuestra «propuestas de acercamiento» al menos hasta el noventa por ciento. Esto me resulta útil, ya que me enseña que cuando mi esposa expresa una opinión, lee algo interesante en los periódicos locales o hace una observación, la estoy valorando o ignorando. No hay término medio en esto. O le hago caso a su oferta o la rechazo. Expreso que la valoro, o no lo hago. La intimidad se crea o se ataca, incluso en la más rutinaria de las conversaciones en el matrimonio.

Piensa en un bateador de béisbol en el plato. Una vez efectuado el lanzamiento, cuenta. El bateador puede dejar pasar la pelota, balancearse y fallar o golpearla. Pero el lanzamiento cuenta. Cada vez que tu esposa hace una «propuesta», se efectúa un lanzamiento y tú tienes que tomar una decisión. *No* hacerlo es, en realidad, una decisión; en este caso, una destructiva e hiriente.

Considéralo de esta forma: cuando tu cónyuge busca tu atención —del tipo que sea y en cualquier habitación de la casa—, lo que él o ella te está preguntando es, básicamente: «¿Me sigues valorando?».

Buenas noticias

Si crees que has estado deshonrando a tu cónyuge por no prestarle atención, la buena noticia es que el doctor Gottman insiste en que honrar es algo que se puede aprender, practicar y mejorar. Solo a modo de ejemplo, él y su esposa, Julie, también psicóloga, descubrieron que la forma en que un cónyuge trata las buenas noticias a favor del otro reporta enormes beneficios. Si la esposa consigue por fin un contrato para escribir un libro y el marido le da toda la importancia, compartiendo su gozo, celebrando con ella y animándola, esto contribuye mucho en hacer que se sienta honrada. Si le resta importancia: «¿Ese es todo el anticipo que te han dado? ¿Estás segura de que no se están aprovechando de ti?», el daño que se le hace al matrimonio es grave. Ella se siente *des*honrada.

Así es como podríamos resumir el prestar atención y honrar: *compartir los bajos con empatía y celebrar los altos con entusiasmo.*

Si estás valorando a tu cónyuge, harás preguntas: «¡Eso es fantástico! ¿Cuándo tienes que entregar el libro? ¿Sabes ya quién será tu editor? ¿Cuánto tiempo tienes para acabarlo? ¿Qué

necesito hacer para darte más tiempo para escribir y revisar?».
Este tipo de preguntas muestran un interés y un apoyo genuinos
y hacen que el cónyuge sienta que de verdad te importa.

Considera el valorar de esta forma: si *tú* hubieras sido quien
ha conseguido ese contrato, esas serían las preguntas que te gus-
tarían que te hicieran. Al formulárselas a tu cónyuge estás parti-
cipando en su celebración. Le estás prestando atención. Le estás
honrando. Por tanto, se está sintiendo valorado/a.

La magnitud y el alcance del logro de tu cónyuge no importan. Ya sea que se trate de una mujer que logra un puesto permanente o que por fin consigue limpiar un armario, solo quiere
que se valide lo que hace. Nunca lo diré bastante: esposo, haga
lo que haga ella, valídalo. Esposa, haga lo que haga él, valídalo.
Aprécialo. Valóralo. Apóyale. Aliéntala. Valóralo tanto como si
fueras tú quien lo ha conseguido.

Deshonrado/a

Prestar atención y honrar son como remar contra la corriente
natural de deshonrar, en el sentido de que si no sigues reman-
do (honrando y prestando atención), seremos arrastrados en la
dirección opuesta. El trabajo no se acaba nunca.

Al principio de su matrimonio, Kevin llamaba a Alyssa
varias veces al día. Ella se sentía confortada, porque significaba que siempre sabía dónde estaba él. Cuando los niños eran
pequeños y Alyssa se quedó en casa, con frecuencia recibía *dos*
llamadas antes del mediodía.

«Me hacía sentir tan bien», recuerda Alyssa, «simplemente
con que me preguntara cómo estábamos los niños y yo».

Lo que está diciendo es que sentía que él le prestaba atención, que hacía que se sintiera honrada, y esto la hacía sentirse valorada.

Cuando aparecieron los teléfonos móviles, Kevin solía enviarle frecuentes mensajes de texto a Alyssa con «dulces naderías». Era asombroso cómo una frase sin mayúsculas ni puntuación podía seguir haciéndola sentirse honrada, sencillamente porque significaba que Kevin estaba pensando en ella.

Tras unos diez años de matrimonio, algo cambió. Al principio, él le hacía una llamada antes del almuerzo, luego una llamada en todo el día y, después, solo un mensaje de texto ocasional. La falta de atención de Kevin hacia ella señalaba un cambio en su corazón.

Kevin viajaba bastante por su trabajo y, durante la primera década, nunca se quedó a dormir en un hotel sin llamar primero a Alyssa para darle las buenas noches. Sin embargo, ahora, podían pasar días y días sin que ella supiera nada de él mientras estaba fuera.

Días.

Al principio, Alyssa intentó no pensar en ello. Lo que ella sentía en su interior era «ni siquiera le importa lo que los niños y yo estamos haciendo hoy», pero las implicaciones de esta línea de pensamiento eran tan aterradoras que no quería obsesionarse con ellas.

Cuando Kevin volvía a casa, Alyssa sentía como si tuviera que compensar con creces: «Estaba tan acostumbrada a contarle cómo había ido mi día —por lo general en pequeñas dosis—, que ahora sentía como si tuviera que sacarlo todo de golpe en una larga conversación. Él no quería oírlo, pero yo pensaba que mientras pudiera contarle mi día a día, de algún modo permaneceríamos conectados. Sin embargo, no hacía más que agobiarlo».

Alyssa quería llamar la atención de Kevin, pero él no quería prestársela. Ella pensó que si lograba obligarle a fijarse en ella, tal vez podrían salvar su matrimonio, pero no es así como funciona.

Entonces llegó una fatídica noche de Año Nuevo. Kevin trabajaba en Washington D.C., y llamó a Alyssa a las diez de la noche para ver cómo iba todo. Ella le devolvió la llamada a medianoche, para celebrar juntos el momento, pero él no respondió al teléfono.

«Si Kevin no llevaba su teléfono, nunca estaba a más de quince centímetros de él y *nunca* lo apagaba. Cuando escuché su voz en el contestador del móvil, fue como un puñetazo en el estómago».

Al día siguiente, Alyssa le preguntó a Kevin al respecto y él respondió: «Eh, imagino que sencillamente no lo escuché».

Fue entonces cuando Alyssa supo que sus peores temores se estaban materializando. La «ayudante» de Kevin ya no era solo eso, y él incluso admitió que había estado con él en Washington, D.C. A lo largo de las semanas siguientes, Alyssa planteó el tema de la ayudante y Kevin acabó prometiéndole que haría que le dieran otro puesto, pero, en realidad, estaba pensando en que le acompañara a un viaje de negocios a Hawái.

Cuando Alyssa lo descubrió, todo se resumió en tres horribles palabras: «He sido sustituida».

Se sintió deshonrada.

Invisible.

En lugar de sentirse una esposa valorada, se veía como un molesto estorbo.

Maridos, nuestras esposas no deberían sentirse un *estorbo* para nosotros ni en un millón de vidas. Esto es exactamente lo contrario de valorar. Necesitan ver cómo se iluminan nuestros ojos y se abren nuestros brazos de par en par cada vez que ellas nos hacen una propuesta.

Kevin intentó defender su decisión de no asignar otro puesto a su ayudante con estas palabras: «Tengo que pensar en su bienestar», pero lo único que Alyssa podía repetir en su mente era: «¿Y *mi* bienestar? ¿Qué hay de tus hijos?». Cualquier persona objetiva podría ver el punto de vista de Alyssa, pero la razón por la que Kevin estaba ciego era que había empezado a valorar a otra persona. Cuando valoras a alguien, pones sus necesidades por encima de las de cualquiera; es lo que significa valorar. Y la falta de atención y de honra de Kevin hacia Alyssa significaba que ahora valoraba a alguien por encima de ella.

Tristemente, puedes imaginar el final. No es una historia con final feliz. Kevin y su ayudante se fueron a vivir juntos, y aunque todavía le pide a Alyssa de vez en cuando que le permita volver, no romperá la relación con su ayudante hasta que su mujer consienta en su regreso. Esto no hace que Alyssa se sienta como Eva, la única mujer del mundo, sino que intuye que Kevin se está cansando un poco de su ayudante y que, ahora, quizás la considera a ella como su mejor opción disponible... por el momento.

El acto de prestar atención y honrar a nuestro cónyuge de manera sistemática cultiva y mantiene un cierto tipo de relación, *y moldea nuestro corazón*. Prestar atención y honrar sustentan la fuerza y el poder de valorar. Cuando dejamos de hacerlo en las pequeñas cosas, la relación pasa hambre. Maridos y mujeres quieren más que un mero compromiso; quieren atención; quieren interés y quieren que se fijen en ellos; quieren importar. Quieren que se «pillen» sus ofertas.

Quieren ser honrados.

Alyssa insta a los maridos: «Interésense siempre en lo que estén diciendo sus esposas, incluso cuando no quieran escuchar los detalles. A veces Kevin me decía: «Oye, sé que te gusta darme todos los detalles, ¿pero y si me das la versión *Reader's Digest*?». Pero esto me hacía sentir que le estaba aburriendo, como si me escuchara por obligación y no porque lo deseara. Desde luego, no me sentía valorada.

«Si quieren que sus esposas se sientan valoradas, llámenlas al trabajo o a casa durante el día, aunque solo sea por veinte segundos. Al menos eso les hará saber que piensan en ellas. Les prestan atención incluso cuando están separados el uno del otro».

La última sensación que debería tener un marido o una esposa es la de ser *invisible*. Un cónyuge valorado se siente objeto de atención, se siente buscado, se siente honrado.

Si las llamadas frecuentes eran algo que *solías* hacer y si el sexo es algo que *solías* tener, poco a poco te estás alejando del acto de valorar. Esto puede llevarte al peor de los lugares, incluso al divorcio.

Prestarse atención, honrarse el uno al otro y conectar el uno con el otro son hábitos que requieren tiempo. ¿Pero no disfrutas más de tu matrimonio cuando cada uno de ustedes valora al otro?

Mi equivocación más estúpida

Después de todo lo que nos han enseñado John y Julie Gottman respecto a lo que deberíamos hacer para prestar atención y honrar a nuestro cónyuge, permíteme poner un ejemplo de lo que *no* se debe hacer. Tras escribir el primer borrador de este capítulo (me encontraba en una habitación de hotel), fui a despertar a mi esposa, quien de inmediato me contó el sueño que había tenido.

—¿Tú recuerdas tus sueños? —me preguntó.

—Por lo general, no.

—Y cuando te acuerdas de ellos, ¿son buenos o malos?

—Suelen ser malos, si los recuerdo.

—Ya, bueno, he leído que podría deberse a una falta de vitamina B6.

—¿Qué?

—Si no recuerdas tus sueños o si siempre son malos, podría significar que tienes una carencia de vitamina B6.

Me reí. Los lectores de mi blog y de mis libros saben que mi esposa está muy metida en la medicina holística, orgánica, el comercio justo, los alimentos sin gluten, los productos de animales alimentados con pastos, no-OMG [Organismo no modificado genéticamente], criados a nivel local, que no lleven nada que sea parcialmente hidrogenado, sin azúcar, etc., pero esto era demasiado para mí. De modo que me reí. En este caso, lo que ella decía parecía realmente absurdo.

Entonces me percaté de lo que acababa de hacer. Ella había compartido algo que le parecía útil. Para ella era importante y esperaba una respuesta atenta y no un rechazo cruel. Además, ella había leído estudios; yo solo tenía opiniones infundadas.

Y, al reírme, la había deshonrado por completo.

De modo que le pedí disculpas. «Lo siento, cariño; tú has leído esos estudios. ¿Qué sé yo al respecto? No soy médico. Gracias por compartirlo».

Mejor aún, yo debería haberle preguntado cómo podía aumentar mi aporte de vitamina B6.

Valorar

La idea de que la vitamina B6 pudiera influir en los sueños me sigue pareciendo cuestionable, pero la conversación no tenía en realidad nada que ver con el poder de la B6 para afectar a los sueños, sino con que mi esposa se levantara sintiéndose valorada o irrespetada. Tristemente, yo escogí lo segundo, incluso después de estudiar el artículo sobre las «propuestas de acercamiento» y escribir sobre ellas.

Esto significa que, si mi objetivo es lograr un noventa por ciento en esta ronda, tengo que pillar las próximas nueve ofertas.

Amigos, esto es un viaje; no es algo que se domine de la noche a la mañana.

VALORAR EL VALORAR

- El llamado a valorar es un llamado activo a prestarles atención y honrar a nuestros cónyuges; por tanto, la desatención pasiva en el matrimonio (intencionada o no) puede considerarse una forma de maltrato emocional.

- Cuando no se honra a la esposa, se siente invisible.

- La atención dentro y fuera del dormitorio suele ser una cuestión de *honra*.

- Las Escrituras nos llaman a dar preferencia a nuestros cónyuges, mostrándoles honra.

- Los estudios han demostrado que nuestros cónyuges lanzarán con regularidad «ofertas» a nuestra atención; deberíamos considerarlas como preguntas: «¿Me sigues valorando?».

- En los matrimonios más felices, los «expertos» tienen un ratio de propuestas de acercamiento de aproximadamente el noventa por ciento. Podemos aprender a prestarles atención; es una aptitud mejorable.

- Para que nuestros cónyuges se sientan valorados, es particularmente importante que respondamos a sus buenas noticias con entusiasmo, interés y que saquemos más información mediante preguntas.

- El simple acto de permanecer conectados mediante llamadas telefónicas o mensajes de texto es básico para que cada cónyuge se sienta valorado.

PREGUNTAS PARA EL DEBATE Y LA REFLEXIÓN

1. Describe una ocasión o un tiempo en el que te sentiste un poco ignorado por tu cónyuge. ¿Qué ocurrió? ¿Cómo hizo que te sintieras?

2. Describe un tiempo en el que ahora ves que pudiste haber descuidado a tu cónyuge o haberle considerado una prioridad menor. ¿Qué hiciste? ¿Por qué lo hiciste? ¿Estabas demasiado ocupado/a o distraído/a? ¿Fue sin querer?

3. ¿Cuál es una manera saludable para que un cónyuge que se siente invisible dé a conocer la situación?

4. ¿Estás de acuerdo en que no valorar a tu cónyuge puede considerarse una forma de maltrato emocional? ¿Por qué o por qué no?

5. ¿De qué manera el llamado para ver el hecho de satisfacer los deseos sexuales de su cónyuge como una manera de honrarlos cambia la manera en que una pareja puede ver la intimidad sexual?

6. ¿Qué harías de un modo distinto si te comprometieras a dar preferencia a tu cónyuge, mostrándole honra durante los próximos siete días?

7. Vuelve a pensar en la semana pasada. Intenta recordar tres propuestas de acercamiento que tu cónyuge te lanzó. ¿Cómo respondiste? Si no logras recordar ninguna, pídele a él/ella que te recuerde alguna.

8. Como tenemos por objetivo conseguir un noventa por ciento de respuesta, evalúa tu ratio actual de propuestas de acercamiento. ¿Estás ya en el noventa por ciento? ¿Setenta por ciento? ¿Menos del cincuenta por ciento? Con espíritu de humildad, pregúntale a tu cónyuge qué opina.

9. ¿Cuándo fue la última vez que tu cónyuge recibió alguna noticia realmente buena? ¿Cómo calificarías tu compromiso y tu respuesta (en una escala del 1 al 6)?

CAPÍTULO 5

Cuando se pasa de valorar a la guerra

Valorar es protegerse el uno al otro y matar el desdén

—¡No es jefe de cocina; es un cocinero!
—Me puede llamar jefe.

—No, no puede, porque no lo eres. Un jefe hace las cosas desde cero. Tú solo las calientas. No es lo mismo.

Yo había estado intentando implicar a un hombre tranquilo en la discusión, así que saqué a colación lo que él hacía, refiriéndome a él como jefe:

—¿A los jefes de cocina no les gusta esto y esto...?

Su esposa saltó a la ofensiva, declarando que su marido *no* era jefe de cocina, y que nadie en todo el universo debería usar *jamás* esa etiqueta en referencia a su esposo.

Él trabaja en una residencia de ancianos, preparando comidas para doscientos residentes. El presupuesto es ajustado y el tiempo lo es aún más. Los administradores tienen tendencia a ver cuál es el requisito mínimo, en lo que a costes se refiere, y después le piden al encargado (este marido) que se las arregle con un diez por ciento menos. Por tanto, sí es (tristemente) cierto, muchas de las comidas están congeladas y se calientan.

—Tengo que ofrecer tres platos principales en cada comida —explicó el marido.

—De todos modos, a las personas que están allí ni les importa cómo sabe la comida —contrarrestó la esposa.

—Sí, les *importa* —respondió el esposo con tranquila contundencia—. De verdad que les importa.

Como observador objetivo, vi a un hombre en una situación difícil, intentando alimentar a doscientos ancianos como mejor podía con un presupuesto limitado. Y contemplé a una esposa decidida a denigrar este esfuerzo como algo tan común y, quizás, hasta un tanto vergonzoso, que no quería que nadie le atribuyera accidentalmente a su marido más respeto del que se le debía.

¿Por qué no puede ver la nobleza de un hombre que está dándolo todo de sí intentando proporcionar placer y nutrición a doscientos ancianos con un presupuesto ajustado? Es algo bueno, ¿no? No es él quien elabora el presupuesto. Tampoco declara las limitaciones. Solo intenta hacer lo mejor posible en medio de todo ello.

¿Por qué no querría una esposa orar por y con su marido para que marque la diferencia en la vida de unos ciudadanos ancianos? ¿Por qué no pedirle a Dios que obre por medio de él, como Jesús alimentó a las multitudes con unos cuantos panes y peces? Tal vez Dios podría dotar a este hombre para hacer algún milagro de salud y disfrute con provisiones escasas.

Valorar nos llama a ir a la guerra contra el desdén. Esto se debe a que valorar es proteger a nuestro cónyuge, su reputación, su personalidad, su sentido de la valía y el mérito.

El ciclo del desdén

Observa a una pareja que empieza a salir y está enamorada; el rostro del hombre y de la mujer se ve iluminado. Los ves todo el tiempo en el aeropuerto. El contacto visual entre ambos es intenso. Permanecen cerca; se miran profundamente el uno al otro, casi como si temieran parpadear. No pueden estar a más de medio metro de distancia el uno del otro sin volver al contacto directo treinta segundos después.

Pero desde ese pináculo de la valoración suele derivar el triste ciclo del desdén. ¿Recuerdas el estereotipo: «la familiaridad genera desdén»? Nada es tan familiar como el matrimonio. Este, para una persona menos que perfecta, cuando la comprensión de la gracia y el compromiso de valorar brillan por su ausencia, puede conducir a la decepción que lleva a la frustración, que lleva a la amargura, que lleva al desdén.

Así es como funciona espiritualmente:

Decepción → Frustración → Amargura → Desdén

Antes que matrimonial este viaje es *espiritual*, y el desdén desencadena la «espiral de la muerte». Se alimenta a sí misma y a medida que crece está más hambrienta. En lugar de mirarse fijamente el uno al otro, como hacen las parejas en el aeropuerto, las que sienten desdén miran como una daga al suelo o miran hacia otro lado cuando su cónyuge está hablando; no soportan mirar a su cónyuge excepto cuando están listos para abalanzarse con un ataque verbal. Sus ojos están cerrados y cargados, pero para disparar, no para adorar ni para entender. Nunca has visto una impaciencia como la que hay en los ojos de un cónyuge que solo espera que su marido o su mujer acaben de hablar para tomar una décima de aliento y poder saltar y explicar que él no podría estar más equivocado y que ella tiene la prueba.

Incluso conduce a una conducta extraña. Una esposa enojada le gritó literalmente a su marido en mi oficina: «¿Lo ves? ¡Ni siquiera me escuchas! ¡Ni siquiera respondes a mi pregunta!», *después de que él hubiera contestado a lo que ella preguntaba con amabilidad y calma.* Su desdén era tan espeso que no podía escuchar lo que él estaba diciendo, aunque era ella quien lo criticaba a él. Al menos en aquel momento, su desdén la cegaba y la ensordecía.

El doctor John Gottman cree que el desdén es el «mayor pronosticador del divorcio».[9] Él define el desdén como una actitud de superioridad, manifestada hablándole a tu cónyuge con condescendencia, poniéndole motes o con insultos directos. Esto es, desde luego, exactamente lo contrario a nuestra definición de valorar, que abre nuestros ojos a la excelencia de nuestro cónyuge, y es la razón por la cual es el mejor antídoto del desdén.

Irónicamente, la actitud de superioridad y de condescendencia hacia el cónyuge es uno de los fracasos más comunes de las personas que se consideran cristianos maduros y que están casados con creyentes «menos maduros». Al considerarse «mejores» —ellos nunca usarían ese término, pero el concepto dirige su pensamiento— en el Señor, empiezan a definir a sus cónyuges por sus pecados y sus fallos, y se convierte en una bola de nieve que conduce a una actitud de superioridad y de hipernegatividad. No se dan cuenta de que su propia actitud es el mayor ataque a su matrimonio, incluso más grande que la forma en que están criticando a su marido/mujer. Creen ser los maduros, porque se dan cuenta de la falta, sin percatarse de que ellos mismos son los cónyuges más destructivos, por su obsesión hacia los fallos.

Las parejas comprometidas a valorarse el uno al otro van a la guerra, pero nunca el uno contra el otro. Pelean contra el desdén, siempre buscando protegerse el uno al otro. Así es como sabes que estás valorando a tu cónyuge: *lo estás protegiendo en vez de atacarlo.*

Un día aterrador de 1981, Ronald Reagan, el cuadragésimo presidente de Estados Unidos abandonaba el Hotel Hilton de Washington cuando un aspirante a asesino le disparó una «bala devastadora» (diseñada para explotar tras el impacto) al costado izquierdo del presidente.

El día después del intento de asesinato, cuando se entendió por completo la gravedad del impacto, Nancy Reagan buscó consuelo espiritual en Donn Moomaw, su pastor en California. Frank Sinatra y su esposa, así como Billy Graham, se unieron a ellos en una reunión en la Casa Blanca. Nancy se desahogó allí, y confesó al pequeño círculo: «Estoy luchando de verdad con un sentimiento de responsabilidad fallida. Por lo general suelo ponerme junto al costado izquierdo de Ronnie. Y ahí es donde ha impactado la bala».[10]

Lo que Nancy estaba diciendo en realidad era: *Ojalá me hubiera alcanzado a mí y no a él. De haberle acompañado, sería yo quien estuviera en el hospital.*

Una esposa que valora a su marido quiere protegerle; un marido que valora a su mujer quiere ser quien sufra daño en vez de ella. Este es el lado positivo de valorar, que hace que lo negativo —*el desdén*— sea casi impensable. Valorar a nuestro cónyuge moldea nuestra mente y nuestro corazón hasta tal punto que cada célula de nuestro cuerpo quiere protegerle/a, honrarle/a y darle las gracias independientemente del coste que tenga para nosotros.

Sin embargo, no tenemos que esperar que ocurra un ataque asesino para «proteger» a nuestro cónyuge. Proteger puede ser un acto tan común como evitarles una situación social incómoda.

Recibir el golpe

Lo primero que dijo Carlos cuando entró en mi oficina fue:

—Solo quiero que sepas que llegué con seis minutos de antelación. Rosa llegó tarde. Lo siento.

Rosa miró a su marido y le dijo:

—Gracias por ponerme a los pies de los caballos.

Nos habíamos reunido varias veces antes, de modo que era hora de ocuparnos de esto.

—Carlos —le dije—, cuando pasen cinco años, tal vez ni recuerdes mi nombre. Hoy te irás a casa con Rosa y yo con mi esposa, y ninguno de nosotros pensaremos en el otro. La razón por la que has dejado a tu mujer en evidencia es que te preocupaba lo que yo pudiera pensar de ti; debería ser más importante para ti lo que Rosa opine de ti. Es con ella con quien vives.

—Si hubieras dicho: "Mira, Gary, siento que lleguemos tarde", Rosa habría pensado, *Vaya, me está protegiendo,* y esta noche en casa habrías tenido una experiencia totalmente diferente. Tu deber es honrar y proteger a Rosa, porque es con ella con quien te vas a casa. No se trata de impresionarme a mí. Céntrate en ella.

Carlos tuvo la oportunidad de «recibir el golpe» por Rosa y, al hacerlo, podría haber hecho que ella se sintiera protegida. Si hubiera actuado así, ella se habría sentido valorada. En retrospectiva, había muy poco en juego. He visto a numerosas parejas y tendría que obligarme a recordar quién es «Carlos» en realidad.* Sin embargo, te garantizo que su esposa sabe quién es. Es muchísimo más importante cómo se siente su esposa con él, y no lo que yo opine.

Pero luego tuve que hablar con Rosa. Su impuntualidad ya se había puesto de manifiesto con anterioridad, en varias ocasiones, y era algo que molestaba de verdad a Carlos.

—Rosa, sabes cómo te sentiste cuando Carlos te puso a los pies de los caballos, ¿verdad?

—¡Claro!

—Así es como él se siente cada vez que le haces llegar tarde a una cita. No puede no sentirse de ese modo. Él respeta la puntualidad. Odia, literalmente odia, llegar tarde. Así que cuando le retrasas, se va a sentir fatal. Puede perdonarte. Puede aprender a no dejarte en evidencia. Sin embargo, no puede dejar de preocuparse por llegar tarde. Sencillamente es más fuerte que él. Tú le honras y le proteges cuando te esfuerzas por estar en un lugar a la hora prevista.

Ves, a su manera, Rosa tampoco estaba protegiendo a Carlos. En lugar de que le importara lo que él sentía por llegar a tiempo, se preocupaba más por su aspecto o por acabar una tarea de última hora que por honrar a su marido.

Lo que me gusta del llamado a valorarse el uno al otro es la decisión activa de preguntarnos con regularidad: «¿Qué tengo

---

* Solo sé que su nombre real no era Carlos.

que hacer para proteger a mi cónyuge?». Formularnos esta pregunta nos empuja a actos de valoración. Para Carlos y Rosa, valorar significa proteger el uno la reputación del otro, pero tiene que aplicarse de maneras completamente diferentes. En este caso, ninguno de los dos estaba valorando al otro.

Una rápida advertencia: «proteger» a tu cónyuge no significa permitir una adicción. La adicción no tratada o tapar un patrón de maltrato no significa proteger a tu marido/mujer; solo posibilita que siga por una senda destructiva.

¡Olvídalos!

En ocasiones tenemos que ser protegidos de nosotros mismos. Podemos ser nuestro peor enemigo.

Donnie creció como un chico del sur que complacía a las personas. Jaclyn, su esposa, se crio en Pensilvania con la «actitud de una yanqui». «No tengo nada que ver con agradar a la gente», opina Jaclyn. «En Pensilvania no nos preocupamos de esas cosas».

Como Jaclyn y Donnie trabajan juntos, ella es testigo de lo mucho que le afecta a Donnie cuando un cliente no está satisfecho. Le destroza. Se preocupa incluso cuando no es culpa suya, sencillamente porque no puede soportar que los demás no piensen bien de él. Sin embargo, ese puede ser un rasgo peligroso en el mundo de los negocios.

Por ejemplo, en una ocasión, la cámara grabó a uno de sus empleados robándoles. En un principio, Donnie se echó prácticamente la culpa: «¡Ponemos tanto empeño en tratar bien a nuestros empleados! Quiero ser el mejor patrón del mundo. ¿Por qué tiene que hacer eso?».

Jaclyn tiene una réplica para esos momentos en que él duda de sí mismo: «¡Olvídate de él!» (No dice exactamente «olvídate» de él, y aunque no es una palabrota, tampoco es la expresión más favorable, así que nos quedamos con «olvídale»).

Otra relación de trabajo con la que Donnie luchaba llegó hasta el punto de la ruptura. Él se esforzó por agradarle a una persona imposible de complacer, de modo que lo tomó como un fracaso. «¡Olvídale!», gritó Jaclyn con toda la cólera de una esposa preocupada. «Ese es su carácter, no el tuyo. El problema es suyo, no tuyo. ¡Olvídale!».

Con esa frase, Jaclyn salva a Donnie de sí mismo. Le protege de las exigencias y las acciones poco razonables del mundo exterior. Y le ha ayudado a avanzar en su negocio. Donnie sabe que necesita esos recordatorios, y valora a Jaclyn por ofrecérselos.

En la carta a los Colosenses, el apóstol Pablo escribió que estaba «completando... lo que falta de las aflicciones de Cristo, a favor de su cuerpo, que es la iglesia» (Colosenses 1.24). Pablo no está sugiriendo que el sufrimiento de Cristo sea insuficiente; en absoluto, sino que Pablo sabe que la iglesia de Corinto es joven y frágil, y en palabras de N. T. Wright: «Es como si él, líder de la iglesia en esa parte del mundo, estuviera atrayendo el fuego enemigo sobre él para que la incipiente iglesia pueda tener espacio para respirar, tiempo para crecer». Wright sugiere que la actitud de Pablo, sentado en la prisión de Éfeso (desde donde escribió la carta a los Colosenses) es: «Bueno, mientras se estén concentrando en mí, el cuerpo de Cristo, la iglesia, puede crecer hasta que esté lo suficientemente fuerte para mantenerse sobre sus propios pies».[11]

En un sentido, Jaclyn toma el fuego enemigo sobre sí misma. Saca a Donnie del estado en el que se preocupa demasiado por las opiniones de los demás. Su tendencia a complacer a las personas no hace que ella le valore menos; es evidente que ella se deleita en quien él es, pero, al mismo tiempo, quiere protegerle de dejar que otros lo definan. Esta actitud de valoración sirve a su matrimonio y está ayudando a Donnie a convertirse en alguien más fuerte y un poco menos dependiente de las opiniones de los demás.

Pregúntate a ti mismo/a: «¿En qué es débil mi cónyuge? ¿En qué es frágil? ¿Cómo puedo atraer el fuego enemigo hacia mí mismo/a en esta situación hasta que él o ella sea más fuerte y más maduro?».

La amenaza número uno

El doctor John Gottman y su esposa, Julie, explican cómo se cultiva el desdén a diferencia de la actitud que hemos estado definiendo como valorar:

«Los expertos poseen un hábito mental», explica Gottman en una entrevista, «que es el siguiente: están escudriñando el entorno social en busca de cosas que puedan apreciar y por las que dar las gracias. Están construyendo esta cultura de respeto y aprecio muy a propósito. Los desastres exploran el ambiente social buscando las equivocaciones de los cónyuges».

«No se trata tan solo de examinar el entorno», metió baza Julie Gottman. «Es escudriñar al *cónyuge* para ver lo que está haciendo bien o mal, y es criticarlo en vez de respetarlo y expresarle aprecio».

Han descubierto que el desdén es el factor número uno que destroza a las parejas y las separa. Las personas que se centran en criticar a sus cónyuges se pierden un enorme cincuenta por ciento de las cosas positivas que estos estén haciendo, y ven negatividad donde no la hay. Quienes miran por encima del hombro a su marido/mujer —ignorándolo/la deliberadamente o respondiendo mínimamente— perjudican la relación haciéndole sentir inútil e invisible, como si no estuviera presente, no valorado/a... Ser malo/a es la sentencia de muerte de las relaciones.[12]

Cuando hablas con una pareja sumida en el desdén, sientes que te encuentras en una situación bipolar. He oído decir a una esposa: «Es tan buen padre» justo antes de quejarse: «Ha aislado a los niños por completo».

«Es un buen hombre», y, a continuación: «No puedo seguir viviendo con él».

Con sus propias palabras, estas esposas reconocen que sus maridos tienen muchas buenas cualidades, pero los definen por las cosas en las que es necesario trabajar, aun sabiendo que actuando así no emiten una evaluación exacta. Hablamos de «cristales de color de rosa» usadas por parejas enamoradas, pero con demasiada frecuencia los matrimonios llevan «gafas con cristales teñidos de desdén» que lo colorean todo a la inversa.

Cuando se valora, se *puede* vencer el desdén, y una de las armas más potentes es la gratitud.

Gracias

Valorar no es meramente mirar un diamante, sino admirar cómo centellea y cómo refleja la luz. No solo lo estás contemplando;

te estás deleitando en su excelencia y te estás tomando el tiempo de notar su calidad y su superioridad. Una breve mirada de reojo no es valorar. Si no hay «oohs» y «aahs», solo estás intentando ser educado/a. Valorar significa, pues, tomarse el tiempo de observar y, después, verbalizar —para uno mismo o para los demás— su excelencia.

Mientras dedicamos tiempo a alimentar espiritualmente a nuestro cónyuge y nuestro matrimonio, también nos nutriremos en el espíritu nosotros mismos. Un interesante estudio descrito en *Psychology Today* descubría que, en un sentido, aprender a valorar nos hace en realidad más felices. Según este estudio, la persona que más se beneficia de la gratitud es aquella que la expresa:

> Los estudios muestran que podemos cultivar deliberadamente la gratitud, y aumentar nuestro bienestar y nuestra felicidad actuando así. Además, el agradecimiento —y, en especial, expresárselo a los demás— se asocia con una energía, un optimismo y una empatía aumentados.[13]

Valorar activamente —observar y, a continuación, expresar la excelencia que ves— es una forma de moldear nuestras actitudes y generar sentimientos de cercanía y bienestar. Cuando hacemos lo que la Biblia nos dice que hagamos, somos doblemente bendecidos; nuestro cónyuge será más feliz, aumentará el gozo en nuestro matrimonio y también seremos psicológicamente más felices. Valorar a nuestro cónyuge nos hace sentir, literalmente, mejor.

Valorar significa, por tanto, librar guerra contra el desdén y pasar a la ofensiva con gratitud.

Cómo desmotivar a tu cónyuge

Apliquemos esta ciencia de forma práctica. Mi esposa destaca de muchas formas, pero un ámbito en el que desearía lograr más es hacerme consumir menos azúcar. Si tuvieras que preguntarle qué cambiaría de mí, estoy seguro que respondería: «Que comiera menos azúcar».

Lisa tiene un nivel muy alto en esto. Los supuestos cereales saludables siguen siendo «azúcar» para Lisa, porque «se convierten en azúcar en tu estómago». El «postre» predilecto de Lisa tiene un ochenta y cinco por ciento o más de chocolate negro. Mi argumento es que un ochenta y cinco por ciento de chocolate no es un postre; es lo suficientemente saludable como para considerarse una comida. Añádele una guarnición de ensalada y tienes un entrante.

Un día, cuando viajábamos, le pregunté a Lisa cómo le había ido el día: «Ha estado bastante bien. No he comido col rizada, pero, aparte de eso, no ha estado mal».

Yo no he evaluado nunca, ni lo haré, un día basándome en si comí col rizada.

Durante una Cuaresma, decidí privarme del azúcar procesado. No se la añadiría a mi té; no bebería refrescos ni té dulce, ni comería ningún postre de esos que se comen solo porque son dulces; nada de galletas ni pastel, ni barritas de caramelo, etc. Pero también decidí hacer una Cuaresma histórica, en la que puedes hacer trampas los domingos (históricamente se consideraba inadecuado ayunar en un día de celebración como el domingo).

Un domingo, cuando agarré un chocolate con leche, Lisa suspiró de esa forma decepcionada que muchas esposas dominan tan bien.

—¿Qué? —pregunté—. ¡Es domingo!

—Yo esperaba que hubieras perdido el gusto por ella.

También podría haber dicho que esperaba que me convirtiera en una Nube en Pascua.

—Además, dijiste que ibas a dejar el azúcar, pero sigues
tomando té chai, y la mezcla lleva azúcar. Comes carbohidratos
en el desayuno y eso se transforma en azúcar en tu estómago.

Ese es el peligro de empujar demasiado a tu marido: para
mí, aquello fue profundamente desmotivador, porque en este ser
pecador que reconozco tener, pienso: *Incluso después de sentir algo
que para mí es dramático —dejar el azúcar procesado durante seis
de siete días—, jamás la complaceré en este ámbito; de modo que es
absurdo seguir intentándolo.*

No estaba dejando el azúcar durante la Cuaresma para agradar a Lisa; sé que ella está exponiendo ideas válidas, de modo
que más que nada era algo entre yo, Dios y la administración
del cuerpo (confieso libremente que en esto soy un pecador que
lucha). También entiendo el corazón de Lisa. Esto es algo que a
ella le importa de verdad, y le ha dicho a los demás que parte de
su servicio a Dios y a la iglesia (no te rías) es ayudarme a vivir
más tiempo. Cada vez que me desafía, lo hace por preocupación,
nunca por malicia, rencor o egoísmo.

Sin embargo, desde una perspectiva motivadora, en su relación con el matrimonio, quiero advertirles a las esposas que si
su marido cree que no puede complacerlas en cierto ámbito
—si, por ejemplo, acaba yendo a la iglesia, pero, una vez allí
ustedes se quejan porque no adora con el suficiente entusiasmo—, puedes *des*motivarlo por completo. En lugar de valorarlo por acompañarte a la iglesia, lo criticas por no estar allí de
la manera adecuada. En lugar de darle las gracias por dar dos
pasos, le estás criticando por no avanzar tres.

Como señala la doctora Julie Gottman, hacemos elecciones diarias sobre si examinamos a nuestro cónyuge en busca de algo para alabarlo/a o para hallar faltas en él/ella.[14] Aunque sea un defecto *justificado,* aplicado del modo incorrecto, puede empujar más tanto a hombres como a mujeres pero, en este caso, parecía como si ella restara importancia a los seis días buenos en los que me comprometí a consumir menos azúcar (porque seguía tomando algunos azúcares «escondidos»), y se centrara en mi único día en que relajé mis normas: el fallo de un día y no el triunfo de seis.*

Su bella esposa

Nunca olvidaré a un marido de unos cuarenta y tantos años —alguien a quien no conocía—, que me habló con entusiasmo sobre el gozo de estar casado con una mujer «espléndida». La forma en que hablaba de ella (y sus amigos cercanos me aseguraron que *siempre* hablaba de ella de este modo) me hizo esperar al tipo de mujer que los artistas sueñan con pintar.

Mientras hablaba, vi en sus amigos esa mirada de complicidad que yo no acababa de entender. Sabían que yo estaba a punto de descubrirlo.

La «espléndida» esposa del hombre apareció unos cuantos minutos más tarde. Sin querer ser poco amable, lo único que puedo decir es que parecía más bien como una fotografía del «antes» en una imagen de *glamour.* Salvo sus dientes, su cabello,

---

* En caso de que te lo estés preguntando, Lisa sí leyó esta historia entera y aprobó su uso, y le gustó particularmente que yo denominara mi afición por el azúcar, durante una parte de mi vida, «el pecador que lucha».

su acicalamiento y el par de ojos asimétricos, estoy seguro de que sería despampanante.

Para su marido, lo era.

Cuando la pareja se alejó, uno de los hombres comentó sencillamente: «Sí, nosotros tampoco lo comprendemos».

Valorar puede no tener sentido para las personas fuera del matrimonio, pero ciertamente hace que las partes que lo forman sean más felices. Protegemos a nuestro cónyuge y su reputación en lugar de mostrar desdén, incluso cuando otros puedan no estar de acuerdo con nosotros.

Escoge valorar.

VALORAR EL VALORAR

- Valorar es algo que está marcado por la protección del sentido de mérito y valor de nuestro cónyuge, a la vez que hallamos significado a su vida y sus vocaciones.

- Valorar nos llama a ir a la guerra contra el desdén.

- Dado que todos nosotros nos casamos con personas más que imperfectas, si no aplicamos gracia, los defectos de nuestro cónyuge pueden conducirnos a la decepción, que a su vez lleva a la frustración, que a su vez lleva a la amargura, que a su vez lleva al desdén. Es lo que denominamos «ciclo del desdén».

- El doctor John Gottman define el desdén como la mayor amenaza para la supervivencia y la felicidad del matrimonio.

- Deberíamos preocuparnos más por la relación con nuestro cónyuge que con cualquier otra persona, sin ponerlos nunca a los pies de los caballos para proteger a otra persona, y recibiendo el golpe para ganar su lealtad y gratitud.
- Una de las armas más potentes cuando uno valora es el agradecimiento.
- Si consideramos lo lejos que nuestro cónyuge tiene que llegar en lugar de hasta dónde ha llegado, podemos desmotivarle e impedir un mayor crecimiento.

PREGUNTAS PARA
EL DEBATE Y LA REFLEXIÓN

1. Describe una escena —en tu propio matrimonio o en otro— en la que vieras el desdén en plena exhibición. ¿Qué sucedió? ¿Cuál fue el resultado final?

2. Describe un momento en tu matrimonio en el que sentiste como si uno de ustedes tirara al otro a los pies de los caballos. Describe ahora un momento en el que uno de los dos recibió el golpe. Habla de cómo afectó ese breve instante al progreso de la relación.

3. La historia de Carlos y Rosa revela que, en muchas discusiones, ambos cónyuges están dejando de valorarse y protegerse el uno al otro, y ambos tienen quejas justificadas. Habla de

cómo los desacuerdos matrimoniales pueden producirse más cuando, en un momento dado, cada cónyuge considera más cómo es y no protege al otro. No tiene por qué ser un «esto/o aquello»; muchas veces es un «las dos cosas/y».

4. ¿Tienes tendencia a poner la aprobación de otra persona por encima de tu matrimonio? ¿La de tus hijos? ¿Tus padres? ¿Un amigo/a? Pregúntale a tu cónyuge si se le ocurre alguien que te tiente a actuar así y considera su opinión con humildad.

5. Dado que ser agradecidos por nuestro cónyuge nos hace más felices en nuestro matrimonio, ¿qué puedes hacer para recordártelo a ti mismo/a cuando empiezas a sentirte decepcionado/a en tu matrimonio?

6. Piensa en un ámbito en el que tu cónyuge necesite crecer. ¿Cómo puedes alentarle respecto a lo lejos que ha llegado en lugar de obsesionarte con cuánto camino le queda aún por delante?

CAPÍTULO 6

Una esposa embellecida

Valorar nos enseña a ser indulgentes
con nuestro cónyuge y, por tanto,
ayuda a sanar sus heridas espirituales

Laura Kates creció siendo la definición misma de una chica sureña de papá. Adoraba a su padre y criarse en el sur, hace cinco décadas, también significaba vestirse para su llegada a casa. Cada día de escuela, estando en el jardín de infancia, Laura regresaba a casa, hacía una siesta, la vestían con sus mejores vestidos, zapatos blancos y lazos limpios, y salía a la esquina. Su padre se detenía de camino a casa (a menos de una manzana de allí), le daba un beso, la metía en el auto y conducía hasta el aparcamiento de su edificio de apartamentos.

Un día, todo llevó a un repentino y triste final. Sin explicación ni advertencia, en el que parecía un día típico, Laura se levantó de su siesta, se puso un vestido y sus pequeños zapatitos blancos y esperó en la acera.

Su padre no apareció.

Después de un rato llegó la mamá de Laura y dijo que quizás sería mejor que entrara, pero Laura no se movió. «No quería decepcionarle», recuerda. «No quería que pasara con su auto por allí y no me viera esperándole».

Finalmente, tuvo que entrar, pero no llegó muy lejos. Se quedó junto a la ventana del salón, desde donde podía ver el aparcamiento. Aunque no permaneció allí, su «vigilia» duró años. Durante el resto de su vida, Laura vio a su padre tan solo dos veces más, y una de ellas fue una semana antes de que muriera (Laura tenía dieciséis años entonces). Jamás recibió una explicación adecuada. Ya siendo adulta ahora sabe que no la había, pero la incertidumbre fue brutalmente difícil para la niña con su lujoso vestido que vivía para ver sonreír a su padre, al final de cada día laboral.

Cuando Laura se casó con Curt, le advirtió: «No me importa cuánto dinero ganes, el tipo de casa en la que vivamos ni lo importante que sea tu trabajo. Solo quiero ser valorada».

No es de sorprender que, para Laura, ser valorada significara que Curt *regresara a casa*. «El punto culminante de cada día», me dijo Laura, con los ojos humedecidos incluso después de casi cuatro décadas de matrimonio, «es cuando oigo abrirse la puerta del garaje y sé que mi hombre vuelve a casa, junto a mí».

Respecto a los días en que Curt y Laura eran jóvenes, ella comenta: «La mayoría de nuestros amigos vivían en una modalidad de trabajo creciente y ascendente, pero Curt escogió pasar tiempo conmigo y con nuestra familia en lugar de una carrera *superstar*. Esto ha sido tremendo para mí. Mi esposo dijo: "No trabajaré hasta las ocho de la noche. Me voy a casa con mi familia". No estábamos tan concentrados como algunos de nuestra edad en un salario cuantioso. Tristemente, muchas de esas parejas están divorciadas. No somos ricos como todos los demás, pero no me importa. Cada noche, cuando oigo abrirse la puerta del garaje, mi corazón se acelera, porque mi hombre está regresando».

El modelo de Laura y Curt muestra cómo un matrimonio en el que los cónyuges se valoran puede sanar las heridas con las que llegamos a la vida de casados. El matrimonio que se valora nutre nuestras almas y, como veremos en el resto de la historia de Laura, casi al final de este capítulo, puede levantarnos del descuido que hace pedazos al impacto dinámico.

Un bebé lastimoso

En Ezequiel 16 hay una profunda historia en la que Dios le dice a Jerusalén que, aunque la encontró en un estado lamentable, la salvó, la alimentó y la valoró dándole una gloria impresionante. Este capítulo muestra una imagen del corazón encantador de Dios. Vemos su pasión y su entusiasmo por su esposa, Jerusalén. Demuestra lo que significa valorar de verdad a alguien que otros han descuidado.

Haciendo uso de una de las imágenes más ponderosas de todas las Escrituras, Jerusalén se asemeja a un recién nacido no querido y abandonado, cubierto de la suciedad del parto al que «abandonaron para que muriera» (Ezequiel 16.5, NTV). Ni siquiera se cortó el cordón umbilical (16.4, NTV); no «te lavaron ni te frotaron con sal ni te envolvieron en pañales. Nadie puso el más mínimo interés en ti; nadie tuvo compasión de ti ni te cuidó. El día de tu nacimiento, no fuiste deseada; te arrojaron en el campo y te abandonaron para que murieras» (16.4, 5, NTV).

En el antiguo Cercano Oriente, lavar y vestir a un bebé le concedía legitimidad. Los padres de la Antigüedad podían deshacerse de un niño no deseado, sencillamente dejando de cuidarlo justo después de su nacimiento, tratándolo así como ilegítimo.

Es una imagen desgarradora: ni siquiera los padres de la niña la quieren. Está completamente sola, no es deseada, la descartan y la *menosprecian.*

Las comedias románticas de Hollywood ganan dinero encontrando nuevas formas para que las parejas tengan un «lindo encuentro»; tienen un accidente de tráfico menor; son personas de negocio con intereses opuestos; uno le derrama el café encima al otro en una cafetería. Ezequiel provee un escenario que es lo contrario de tener un lindo encuentro. Es el encuentro más feo que pudiera ser.

Jerusalén fue desechada, ignorada, estaba indefensa, grotesca en la suciedad del parto. Aunque hoy es una de las ciudades más famosas del mundo y, de hecho, en la historia mundial, esto es así solo porque el amor valorador de Dios la hizo así. Una vez fue anónima, estuvo sola, no la amaron y fue abandonada para que muriera; pero entonces entró Dios en imagen: «Pasé junto a ti, y te vi revolcándote en tu propia sangre y te dije: ¡Sigue viviendo; crece como planta silvestre!» (Ezequiel 16.6, 7).

Si nos valoramos el uno al otro como Dios lo hizo con Jerusalén, un buen matrimonio consiste en proclamar a nuestro cónyuge: *¡Sigue viviendo!* Lo/la vemos en su debilidad misma y, en ocasiones, hasta en fealdad; insuflamos vida el uno en el otro y nos refrescamos. Las partes durmientes de la personalidad y los talentos de nuestro cónyuge pueden cobrar vida bajo nuestro apoyo y nuestro aliento.

Demasiados matrimonios soplan más bien muerte: muerte a la autoestima, a la paz, al gozo. Nuestra decepción nos lleva a atacarnos el uno al otro por lo que no somos, mientras que la valoración hace crecer las mejores partes de nuestros talentos hasta alcanzar su pleno poder y embellecimiento. Un buen matrimonio, ese que valora, le dice al cónyuge: «¡Vive! ¡Cobra vida! ¡Sé todo lo que Dios diseñó que fueras!».

Esto es lo que ocurrió cuando Dios valoró a Jerusalén. Luego le propone matrimonio (Ezequiel 16.7, 8). Muchos matrimonios de aquel tiempo eran concertados, por supuesto, pero este no. Este es un casamiento por «amor» que Dios busca para sí. Nadie le dijo que se casara con Jerusalén; Él la escogió.

Ezequiel describe con exactitud cómo valora Dios a su reciente esposa *consintiéndola*:

> «Te... perfumé. Te puse un vestido bordado y te calcé con finas sandalias de cuero. Te vestí con ropa de lino y de seda. Te adorné con joyas: te puse pulseras, collares, aretes, un anillo en la nariz y una hermosa corona en la cabeza. Quedaste adornada de oro y plata, vestida de lino fino, de seda y de telas bordadas. Te alimentabas con el mejor trigo, y con miel y aceite de oliva».
>
> EZEQUIEL 16.9–13

¡Esta es una esposa mimada! No compra en Walmart; viste Gucci y Armani, y calza zapatos Jimmy Choo. Cuando nuestra hija menor viajó con nosotros a Houston, visitó uno de sus famosos y exclusivos centros comerciales, donde había una tienda Jimmy Choo. Al proceder del extremo norte del estado de Washington, la joven Kelsey estaba acostumbrada a una clase muy diferente de centro comercial. «¿Quieres decir que los zapatos Jimmy Choo existen de verdad?», preguntó. «Yo pensaba que eran tan solo una leyenda urbana».

Sí, son reales. Y aunque nuestra familia no los compraría nunca, la esposa de Dios, Jerusalén, ciertamente llevaba unos equivalentes. Ser valorada por Dios significaba que Jerusalén no solo vestía con lujo, sino que se alimentaba con generosidad. No comía una salchicha cocinada en agua sucia de un vendedor callejero; compra en el pasillo de productos orgánicos de Whole Foods, donde todo cuesta el doble. La comida es nutritiva y tiene buen sabor.

En resumen, Dios no solo provee para Jerusalén; la valora, la adorna, la nutre y la consiente. Cuando le dijo que viviera, su clara intención era que viviera una vida *abundante* (Juan 10.10).

Observa qué hizo este cuidado valorador y atento por Israel. La levantó; de un bebé dependiente abandonada a la muerte, ignorada y despreciada, hizo una mujer impresionantemente bella, poderosa y hasta majestuosa, envidiada por todos: «Llegaste a ser muy hermosa; ¡te sobraban cualidades para ser reina! Tan perfecta era tu belleza que tu fama se extendió por todas las naciones, pues yo te adorné con mi esplendor. Lo afirma el Señor omnipotente» (Ezequiel 16.13, 14).

En un pasaje posterior y en momento diferente de la historia, Lamentaciones 2.15 dice de Jerusalén «que [la] llaman Hermosa... la alegría de toda la tierra» (NBD).

Dios no valoró a Israel porque fuera encantadora, sino que fue al revés: Israel se volvió adorable, a medida que Dios la valoró. Fue la estrategia que Él usó para efectuar una transformación enorme en aquello en lo que Jerusalén se convirtió.

Lo que era válido en el caso de Dios hacia Jerusalén es como debemos valorarnos el uno al otro en el matrimonio. Si este trata de demostrar el carácter divino, nuestro amor por nuestro cónyuge debería ser tan intenso, entusiasta y dar tanto apoyo que se produzca una transformación similar. ¿Puedes captar una visión de cómo tu aceptación, tu compromiso y el amor por tu cónyuge le puede levantar de una vida de bajo rendimiento a una de glorioso renombre?

¡Puede ser! Dios quiere exaltar a sus hijos y es capaz, a través de su Espíritu Santo, de hacer esto por tu cónyuge al colaborar con él o ella.

La imagen bíblica del amor de Dios se entiende mejor, quizás, en la estupefacta conversación de los amigos: «¡No entiendo lo que ve en ella!». «¿Pero, qué ve en él?».

Examinan tu compromiso y, a continuación, consideran el objeto de tu amor, y no lo entienden. La persona valorada no parece digna de ese tipo de amor y devoción; pero como seguimos el ejemplo de Dios, todo matrimonio cristiano debería exhibir este tipo de amor y devoción.

Valorar como lo hace Dios es aceptar a alguien que otros pueden haber rechazado, insuflar vida en nuestra pareja, nutrirla y mimarla, y hasta consentirla hasta que su belleza se haga evidente para que todos la vean.

Boletos de temporada

¿Recuerdas a Laura, la niñita cuyo padre la dejó sola en la acera? Hoy es un amado miembro de la Segunda Iglesia Bautista de Houston, Texas. Es una maestra de estudio de la Biblia comprometida y una amiga entusiasta. Parte de su enérgica personalidad viene de haber perdido a su padre tan pronto, de haber tenido que ser de vez en cuando adulta a una edad muy temprana y de ser naturalmente extrovertida. Todo esto —naturaleza y educación— ha resultado en una chica de Texas «grande y responsable» con un toque de Louisiana. Su estructura ligera alberga una personalidad gigante.

Es alguien «completamente viva».

De la misma manera como el Padre valoró a Jerusalén, Curt, el marido de Laura, ha procurado valorar a Laura, y no solo llegando a casa a su hora. Busca formas de consentirla.

Un año, cuando los niños eran pequeños, a Curt se le ocurrió una idea particularmente brillante.

Por el abandono de su padre, ella vivió toda la vida hambrienta de cosas hermosas que enriquecen el alma, pero con frecuencia privada de ellas. Laura y Curt tenían en esa época tres niños pequeños y no podían gastar mucho, pero Curt derrochó —gastando probablemente más dinero del que debía— y compró boletos de temporada para el ballet de Houston.

Habían asistido un par de veces antes; a través de su empresa habían conseguido asientos de cinco dólares para el ensayo general y Curt observó lo mucho que le había gustado a Laura, de modo que compró un boleto para dos para la temporada.

«Incluso consiguió buenos asientos», comentó Laura con entusiasmo, «y me acompañó sin refunfuñar».

De haber tenido Curt fines de semanas libres por valor de cien años y los hubiera pasado todos como él hubiera querido, jamás habría puesto los pies en un teatro de ballet. Ni siquiera una vez. Pero entregarle las entradas a su esposa y acompañarla significaba algo muy especial para Laura y la hacía sentir valorada: «Era un gesto que me decía: "Hoy, eres mi prioridad". No solo era que me diera las entradas; es que se me entregó él mismo».

Cuando Curt le dio a Laura los tickets, estaba pensando: *Tú vas a ver el ballet.*

Cuando Laura recibió las entradas, estaba pensando: *Se está comprometiendo a tener citas regulares conmigo y acompañarme a algo que me gusta de verdad y que alimenta mi alma.*

Lo que Laura aprecia de manera particular en la forma que Curt tiene de valorarla no es un regalo ocasional (Curt admite que no suele ser bueno haciendo regalos), sino la forma en que él hace que ella se sienta especial tal como es. Cuando tu padre te ha dejado tirada esperando en la acera, es un lugar de sanación donde estar.

«Soy una persona fuerte, pero que Curt me deje ser yo es algo que me hace sentir especialmente valorada», explica Laura. «Soy una persona franca, extrovertida. Algunos hombres podrían decir: "Oye, ¿por qué tiene que ser ella la que esté delante y en el centro todo el tiempo?". Pero Curt me valora tal como soy. Me deja elevarme en esos entornos, en lugar de luchar contra mí. Que un hombre deje que su esposa sea la que brille, eso es algo especial. Y me alienta a ser la versión suprema de mí misma».

Como Jerusalén, Laura fue una vez abandonada por su padre. Como Jerusalén, fue escogida, valorada y consentida, y ahora se ha convertido en la versión suprema de sí misma: una reina en su esfera, bendita por otros y bendiciéndolos a su vez.

Curt ha aprendido que valorar a Laura significa dejarla estar en el escenario central en público, siendo a menudo el centro de

atención, según Dios la usa (es su bailarina; él es el compañero
que da un paso atrás y se pierde en las sombras). Significa que él
le da de buen grado el tiempo para estudiar y preparar sus lec-
ciones o invitar a personas a cenar. Significa alimentar su alma
con mimos ocasionales para que ella pueda liberarse en espíritu,
con gozo y vitalidad. Significa acceder a quedarse solo en casa
mientras que Laura está fuera dando una conferencia o en viajes
misioneros. Significa ser fiel y llegar a casa después del trabajo a
una cierta hora.

El mensaje de las acciones de valoración de Curt es: «¡Vive!
Sé quien tú eres. Yo veo ahora lo que otros todavía no ven; ve y
sé tú».

A través de todos esos actos, Curt ha aprendido cómo valorar a aquella que fue una vez la pequeña niña a la que le rom-
pieron el corazón mientras esperaba en la acera, con un vestido
elegante y zapatos blancos rígidos, para que se convirtiera en
una fuerza de la naturaleza que enseña la Biblia y da vida. Hizo
aún más bella a una hermosa joven que ahora es una esposa que
se acerca a su cuadrigésimo aniversario de boda.

Adelante, consiente a tu cónyuge

La forma en que Dios valoró a Jerusalén, con tanto esplendor,
me convence de que si valoramos de verdad a nuestro cónyuge
habrá tiempos en que nos sentiremos obligados a consentirlo.
Odio hasta el olor de la teología de la prosperidad (pensar que la
fe en Dios garantiza riqueza, salud y felicidad si lo reclamamos
de la forma adecuada y lo creemos con la suficiente firmeza); me
repugna. Pero la verdad no se encuentra reaccionando contra el

error, sino en responder a las Escrituras. Y aunque se nos llama a ser sacrificiales y generosos con los necesitados, aquí tienes un ejemplo de cómo el amor de un marido puede obligarle a consentir a su esposa.

Hace casi quince años, el Señor instó a Todd —pastor de una iglesia de tamaño mediano, con una joven familia y presupuesto ajustado— a ser más intencional en valorar a su esposa Lisa. El problema era que el plan de Todd costaría dinero, un reto para su esposa que es la más austera de los dos.

No obstante, aun conociendo el riesgo y anticipando que Lisa se echaría atrás, Todd se sintió guiado por Dios para comprarle flores todos los viernes, durante todo un año.

Después de unas cuantas semanas, Lista empezó a identificar lo que estaba ocurriendo y le dijo a Todd (principalmente por el gasto):

—Sabes, no tienes que seguir haciendo esto.

—Lo siento, no tienes que discrepar en esto —respondió Todd—. Es algo que el Señor me pidió que hiciera por ti, de modo que tendrás que entendértelas con Él.

Todd describe ese año como «asombroso» para su matrimonio. Orientó su corazón en la dirección correcta. Estableció un ejemplo fantástico para sus hijos, e hizo que destacara un año de casado que, de otro modo, habría sido intrascendente.

«Varias veces tuve que ser imaginativo y creativo. En una ocasión, Lisa fue a la playa con sus amigas. Con la ayuda de una de las mujeres descubrí dónde comerían y a qué hora, e hice que hubiera un ramo de margaritas de Gerbera esperando en su mesa. Otra vez, olvidé que era viernes hasta tarde en la noche y acabé haciendo un viaje de última hora para conseguir flores en un supermercado de veinticuatro horas. En otra ocasión, llegamos a la playa para pasar unas vacaciones; era viernes. Perfecto. Una vez instalados en nuestro sitio, los chicos y yo fuimos a la tienda a buscar flores frescas de las que Lisa pudiera disfrutar toda la semana. Llevarme conmigo a los niños me proporcionó la oportunidad de hablar sobre por qué hacía esto».

Este acto de mimar a su esposa semanalmente, a pesar de lo ajustado del presupuesto, ayudó a Todd a transmitir el compromiso generacional para que sus hijos valoraran a sus esposas. «Observé cómo mi padre valoraba a mi madre una y otra vez cuando yo crecía, y quise que mis hijos me vieran hacer lo mismo: tratar a Lisa como si fuera algo especial. Aunque yo había visto un gran ejemplo de un matrimonio que valora, mientras iba creciendo, era algo que había empezado a dar por sentado en mi matrimonio. Creo que Dios solo quiso despertarme. Afortunadamente, tuve dos ejemplos en los que inspirarme y una esposa que podía hacer los ajustes presupuestarios necesarios para ser valorada sin preocuparse de que yo estuviera saltando la banca».

Marcadores

Algunos de ustedes se han casado con superestrellas; tengo una historia sobre una pareja de estas en un capítulo posterior. Sin embargo, otros se casaron con hombres y mujeres que se sintieron golpeados toda su vida, en lo emocional si no en lo físico. ¿Cómo serían nuestros matrimonios si respondiéramos con preocupación a las debilidades de carácter de nuestro cónyuge, suponiendo que puedan haber sido (no siempre) mantenidas o incluso alimentadas por nuestro fallo al no valorar a nuestra pareja? En lugar de que nos frustre la razón por la que son como son, ¿y si supusiéramos que su debilidad continuada puede ser la prueba de nuestro fracaso en valorarla como deberíamos, como Dios valoró a Jerusalén y la levantó del lugar donde había sido abandonada para que fuera una reina admirada por todo el mundo?

Dennis y Barbara Rainey proporcionan una lista útil de rasgos de los cónyuges que no se sienten valorados (usan el lenguaje de la «baja autoestima», pero es un concepto similar). Si varias de estas cosas están presentes en tu cónyuge, puede ser que él o ella no se sienta valorado/a por ti:

• Tu pareja se siente desanimada con facilidad.
• Tu pareja carece de confianza, en especial a la hora de tomar decisiones.
• Tu pareja tiene dificultad para admitir que está equivocado/a y necesita tener siempre la razón.
• Tu pareja es una persona impulsada.
• Tu pareja es crítica con los demás.
• Tu pareja es un/a perfeccionista.
• Tu pareja es autocrítica.
• Tu pareja cae en el escapismo.[15]

Existen, claro está, límites a los principios generales, y puede ser peligroso hacerse cargo del pecado de un cónyuge. Sin embargo, para esas conductas irritantes que ves en él/ella, pregúntate: «¿Serían esas cosas tan molestas si le/la valorara más?». En otras palabras, en vez de pensar: *¿Por qué debo aguantar esto?*, corrígelas haciéndole/la sentirse valorado/a.

Valorar es sanar

En resumen, valorar puede sanar. Ridiculizar a tu cónyuge o ser apático hacia él/ella es herirlo/a más. El desprecio no hace más que reforzar la negatividad anterior en la vida de tu cónyuge. Lo/ la vas empujando cada vez más y más bajo. Valorarle/la levanta a un punto más alto. No valorar es reforzar lo peor y empeorarlo aún más. Es sacar la belleza a la superficie, y hacer que aquello que está latente sea aún más hermoso.

Hablando de un modo práctico, cuando mi esposa me valora, quiero ser más de eso que ella está apreciando. Fuera del llamado y de la aceptación de Dios, nada me motiva más que cuando mi esposa valora lo que hago.

Y no estoy solo en esto. Una esposa le dio a su marido el diario en el que había trabajado durante todo un año. Él elaboró una lista de todo lo que ella observó sobre él a lo largo del año, mencionando cosas que él había realizado en días específicos, que hicieron que se alegrara de estar casada con él.*

- Gracias por colgar las luces de Navidad cuando hacía un frío terrible afuera. Quieres que nuestra familia tenga gozo. ¡Hacía tanto frío que debió de ser terrible! Yo no habría querido hacerlo, pero tú lo hiciste.
- Gracias por viajar. Sé que debe ser difícil. Pude ver lo cansado que estabas cuando te fuiste el 6 de febrero. ¡Haces un trabajo tan bueno proveyendo para nuestra familia!

---

* Les estoy agradecido a Dave y Ann Wilson (daveandannwilson.com) por compartir esta historia conmigo. Dave es el pastor de la iglesia Kensington Church en Troy, Michigan. Él y su esposa, Ann, hablan sobre el matrimonio por todo el país.

• Gracias que aunque regresaste a casa tan cansado de ese viaje en septiembre, todavía estabas deseoso de pasar tiempo con los niños. ¡Eres tan buen padre!

Cuando ella le entregó el diario, su marido se sentó de inmediato en una silla y lo leyó entero, de una tacada. Más tarde, cuando le contaba a un amigo acerca de este regalo, le comentó: «Leer ese diario me hace aspirar a ser el hombre que ella piensa que soy».

¿Sabes una cosa? Ahora recibe un diario así *cada año*.

Una queja común entre las esposas es que sus maridos no quieren abrirse, no quieren ser vulnerables, no quieren entregarse emocionalmente. La realidad es que muchos hombres están demasiado aterrorizados de que se les conozca de verdad. Algunos de nosotros hemos sido ridiculizados toda nuestra vida por no ser tan inteligentes como nuestro hermano o hermana mayor, tan atléticos como el jugador de fútbol estrella que empezó a afeitarse estando en sexto grado, tan atractivo como los miembros de los grupos pop masculinos, cuyos posters pegaban nuestras hermanas en las paredes de su habitación, y comprendíamos que a veces éramos enormemente embarazosos para nuestra familia. Ahora bien, de alguna manera —milagro de milagros—, encontramos a una mujer que nos escogió y no queremos arriesgarnos a perderla o será un nuevo rechazo, como que te echen del equipo deportivo, del trabajo o recibir siete rechazos al solicitar plaza en la universidad o en la escuela de posgrado.

Incluso esos hombres que parecen tener éxito, con frecuencia se sienten un fracaso. ¡He hablado con ellos! Les preocupa haber sido ascendidos tan alto que finalmente quedarán expuestos. Todos entenderán que todo ha sido una treta; todo el mundo ha sido engañado, y no son más que los puros e insignificantes fracasados que siempre han sentido ser y que tantas veces les dijeron que eran.

Es probable que tu cónyuge no creciera en un mundo que afirma. Los niños no son amables unos con otros; por el contrario, se pueden destruir entre sí. La mayoría de las mujeres no se parece a Barbie y menos aún es el aspecto de los hombres como el de Hércules.

Pongamos que un niño crece poco en estatura (como Dios lo creó). Un padre o una madre bruscos lo menospreciarán, y niños y niñas lo ridiculizarán por igual. Se convierte en un hombre, no tan pequeño ya, pero sigue llevando el diálogo interno y la personalidad ligeramente susceptible engranados en él a lo largo de los años de ridículo e inseguridad. Dios ve al alma que sufre. Dios ha llorado por el maltrato recibido por el niño, y Dios *odia* cuando una mujer, que no se ha tomado el tiempo de entender o sentir empatía, exclama en un momento de enojo mordaz: «¡Oh, crece ya y sé un *hombre*!».

Es un comentario casual, tal vez ni siquiera con la intención de ser tan hiriente, pero por el pasado del tipo, le corta en lo más profundo de su ser. Es posible que nunca comparta con su esposa lo mucho que duele, pero puedes estar segura de que está sangrando espiritual y emocionalmente, por dentro.

No olvides nunca: te casaste con un cónyuge que tenía debilidades naturales. Contrajiste matrimonio con alguien que poseía una historia de dolor. Podemos ser agentes de redención sanadora y aceptación en nuestro matrimonio, o podemos seguir haciendo daño, quizás sin pretenderlo. Aunque estoy seguro de que la esposa que dijo «crece y sé un hombre» se quedaría perpleja al saber el efecto tan duro de sus palabras, lo que su marido escuchó fue, probablemente: «No has sufrido *bastante*. ¿Esas personas que te ridiculizaron cuando eras niño? ¡Tenían *razón*! Eres *patético*. Necesitas sufrir *más*, y yo soy exactamente la persona idónea».

Ella no usaría *nunca* esas palabras con su marido, pero como forma parte del pasado de él, es lo que él está escuchando. Un comentario casual, que no valora, con una pizca de desdén, escarba en los viejos guiones de su infancia que ahora repiten el mismo mensaje destructivo y desalentador: *no importas*.

Te conviertes en un mensajero de Satanás en lugar de ser un siervo de Dios cuando desatas esto, aunque sea sin darte cuenta.

¿Por qué es tu esposa tan sensible a las opiniones de los demás? ¿Por qué ha pasado tu marido un tiempo tan difícil a la hora de tomar decisiones? ¿Por qué tu esposa halla consuelo escabulléndose para comer cosas que sabe que son repugnantes? ¿Por qué halla tu esposo consuelo en la fantasía electrónica?

No te limites a contarme lo que hace tu cónyuge. Dime por qué, y entonces podemos hablar de la senda del amor y de la sanidad.

Si no conoces el porqué, solo eres un juez acusador que no sabe nada del amor, sino tan solo del castigo.

No estoy excusando la conducta pecaminosa o detestable. Solo te estoy pidiendo que tengas alguna empatía por el hecho de vivir en un mundo cruel, despiadado en su trato hacia la persona con la que nos casamos, así como una visión positiva de cómo un matrimonio profundamente valorador puede sanar daños pasados. No, no todos los hombres que fueron maltratados crecen para convertirse en alguien que hace lo mismo con su esposa. No todas las mujeres permiten ser aplastadas por el ridículo de otros; algunas se vuelven increíblemente fuertes y heroicas frente a su pasado.

Pero la cosa es así: *¿por qué no ayudar a nuestro cónyuge a hacerse más fuerte valorándolo en lugar de confirmar y aumentar su debilidad tratándolo con desdén?* ¿No te gustaría más bien estar casada con alguien que mejora en lugar de resbalar hacia atrás? ¿Y crees que el desdén es «medicina» para una psique deformada que ve el mundo a través de unos ojos pervertidos?

¿Y si tomaras el punto de vista a largo término? «He tenido entre veinte y cincuenta años más para valorar progresivamente a este hombre o mujer y ayudarle a salir del dolor y la debilidad pasados». ¿Suena, pues, tan imposible?

¿Qué sana el desdén? ¿A quién ayuda el desdén a convertirse en una mejor persona? ¿Qué tiene que ver el desdén con la gracia? ¿Algo?

Algunos de ustedes necesitan arrepentirse ahora mismo y, a continuación, pedir perdón a su cónyuge. Has ridiculizado sus limitaciones (seamos sinceros, algunas de estas —CI, tipo de cuerpo, personalidad— están ahí por designio de Dios), y has aumentado su dolor. Le estás empujando hacia abajo en lugar de levantarle. Estás resentido con ella/él por no estar donde tú quieres, en lugar de ponerte de rodillas para ayudarle/la a crecer como Dios quiere que lo haga.

¡Basta ya!

Observa que el modelo bíblico de valorar es, básicamente, lo contrario del modelo del mundo. En él, valorar en el matrimonio fluye de la excelencia del cónyuge: «Te valoro, ¡porque eres tan maravilloso/a!». El modelo bíblico es, más bien: «Tu excelencia fluye de cuánto te valore yo».

Por esta razón denomino la valoración estrategia en la misma medida que un mandamiento. Cuanto más valoras, más probable es que haya mucho más que apreciar en el futuro.

Cuanto más desdén viertas en tu matrimonio, menos hallarás que valorar.

Te ruego que te hagas un favor a ti mismo/a y a tu cónyuge. ¿Lo harás? Dedica tiempo a la oración durante las próximas veinticuatro horas, pidiéndole a Dios que te muestre lo vacío/a, cansado/a y golpeado/a que se sentía tu cónyuge al principio de su relación, por la forma en que había sido tratado/a durante décadas, antes de llegar a tus brazos.

Agotado/a

La línea de meta de una maratón puede ser un lugar bastante desagradable. Cuando la cruzo, quiero dos cosas: algo de beber y algún sitio donde sentarme o acostarme. Cuando Lisa me conduce a una zona donde puedo descansar y me trae algo que me rehidrata, poco a poco me convierto en un hombre nuevo.

Es la mejor descripción de valorar que puedo darte: estoy agotado y tocando fondo, pero con el amoroso cuidado de mi esposa, que me trae un poco de hidratación, un poco de proteína, un poco de descanso, siento que la vida vuelve a mí.

Considera el matrimonio como el final de una maratón, y empezarás a obtener un vislumbre de lo emocionalmente agotado/a puede haber estado tu marido o tu mujer cuando empezaron su matrimonio. Así de sediento/a estaba de tu afecto. Así quería acostarse en tu aceptación.

Conviértete en la esposa más maravillosa del mundo diciéndole —con tu atención, tu afecto y tu aceptación—: «Has cruzado la línea de meta hasta mis brazos. Soy tuya y tú eres mío. Somos uno. Estoy entusiasmada contigo. Te amo. Puedes descansar en mi aceptación. Te recargaré con mi afecto. No me apartaré cuando llegue a conocerte; me acercaré más. No te faltaré al respecto cuando encuentre algo oscuro dentro de ti; oraré para que Dios te inunde de su luz. No te compararé con ningún otro hombre, porque tú eres el único dueño de mis afectos; eres el estándar; eres mi hombre de entre todos los hombres. No miraré ni tocaré a ningún otro; no te compararé con ninguno. Deleitaré mis ojos y llenaré mi corazón con mi amor por ti».

Señores, cuando su esposa se enfrente a un importante golpe de la vida —cae gravemente enferma, descubre que no puede concebir, de repente lucha con haber subido de peso, o está liderando contra la depresión por primera vez en su vida, no puede vencer la sensación de ser incapaz de equilibrar su profesión y ser madre—, esos son exactamente los momentos en que necesitas poner la valoración a toda marcha. Tenemos que decir: «Ahora es el momento en que necesita de verdad la medicina de la valoración». En lugar de apartarte, molesto —«¡Quiero una esposa saludable y feliz, no una hecha polvo!»—, es necesario que demos un paso adelante con la valoración. Si fracasas en esto cuando tu esposa pasa por tiempos difíciles, el daño que esos contratiempos producen será el doble de malo y tardará tres veces más en sanar.

Debemos valorarnos el uno al otro como Dios Padre apreció a Jerusalén. Esto significa nutrirse el uno al otro, insuflar vida el uno en el otro, consentirse el uno al otro y seguir escogiéndose el uno al otro.

VALORAR EL VALORAR

- Así como Dios Padre valoró a Jerusalén, nosotros debemos valorar a nuestro cónyuge.

- Un matrimonio piadoso insufla vida en cada uno de los cónyuges.

- Valorar al cónyuge puede levantarlo de los daños y heridas de su infancia y ayudarle/a a alcanzar el esplendor completo de aquel/la que Dios diseñó que fuera.

- Valorar es una estrategia. Dios no apreció a Israel porque fuera digna de amor; se hizo merecedor de él cuando Dios la valoró. Fue la estrategia que Dios usó para producir una enorme transformación.

- ¿Cómo sería nuestro matrimonio si expresáramos preocupación por las debilidades de carácter de nuestro cónyuge, suponiendo que tal vez hayan sido alimentadas o mantenidas por no haberlos valorado nosotros/as? En lugar de sentirnos frustrados/as sobre por qué son como son, ¿y si supusiéramos que su debilidad continuada podría ser la prueba de nuestro fracaso a la hora de valorarlos como deberíamos?

- Muchas personas se sienten emocionalmente golpeadas cuando se casan. Valorándolas podemos producir sanidad; el desdén solo aumenta las heridas de la infancia.

Valorar

PREGUNTAS PARA
EL DEBATE Y LA REFLEXIÓN

1. ¿Cómo te reta el considerar el amor de Dios por Jerusalén a ser una esposa que valore más?

2. ¿De qué forma puede un matrimonio que valora insuflar vida en cada uno de los cónyuges?

3. Laura se siente cada día más valorada cuando oye abrirse la puerta del garaje y sabe que Curt ha llegado a casa. ¿Qué daños del pasado de tu cónyuge puedes ir «apartando suavemente con tu valoración», siendo fiel en algunas pequeñas cosas?

4. ¿Puedes identificar algunas debilidades de carácter en tu cónyuge que parecieran al menos ser aminoradas si se sintiera valorado con más intensidad por ti? Describe cómo.

5. Sin consultar a tu cónyuge, escribe una descripción de lo golpeado/a y agotado/a que te parece que debe de haberse sentido cuando ustedes se conocieron. Muéstrale la lista y pregúntale si estás en lo correcto. Pídele que añada a ella. Sabiendo esto, ¿cómo quieres tratarlo/a en los días siguientes?

CAPÍTULO 7

Casi tiro la toalla

Ya hemos avanzado bastante, así que hagamos una pausa para un breve pensamiento devocional. Si crees que tu matrimonio está más allá de todo lo que hemos estado hablando, que no queda forma alguna en que pudieras pasar del desdén a la valoración, considera esto.

Recientemente, mi suegra me dejó perplejo recordándome una conversación que yo había olvidado hace mucho tiempo. Cuando Lisa y yo solo llevábamos seis años de casados, les dije a sus padres: «Creo que tal vez ha llegado el momento de abandonar».

No me estaba refiriendo a mi matrimonio, sino a mi carrera como escritor.

«Nos está costando un dinero del que no disponemos», les expliqué, «y ahora que también están los niños, me está suponiendo un tiempo que no tengo. Lo he intentado, pero tal vez es algo que no puede ser».

Más de veinte años después, una semana después de esa conversación con mi suegra, firmé el mayor contrato editorial de mi vida, para otros cuatro libros, después de haber publicado ya unos dieciocho.

Me estremecí cuando mi suegra me recordó que casi abandono hace veinte años. No puedo imaginar haber tenido otra vida que no fuera esta, y el pensamiento de haber considerado una vez en serio dejarla ir —solo porque me resultaba más difícil y me llevaría más de lo que había pensado— me hiela hasta lo más profundo.

Una mujer me contó la dolorosa historia de su madre, que renunció a su matrimonio. Se hartó y se casó con otro hombre, y entonces su exmarido se tomó en serio al Señor. «Hoy es el hombre más sorprendente», dijo su hija. «Posee seguridad económica y mi madre está ahora casada con un incrédulo que no gana lo suficiente, así que ella trabaja en el servicio doméstico, aunque ya ha cumplido los sesenta años. Lo triste es que vivió con mi padre durante sus *peores* años, pero al haber tirado la toalla se ha perdido los *mejores*».

¿Cuántas parejas actúan así? ¿Cuántas sufren sus peores años, se frustran y abandonan, y se pierden los que podrían ser los mejores?

Cuando los tiempos son realmente difíciles, cuando un sueño parece absurdamente aplazado hasta hacerte sentir necio/a por seguir creyendo, resulta fácil dejarlo escapar y decidir: «¡Ya es suficiente!». El presente es tan doloroso, tan decepcionante, que te ciegas a un futuro incluso ligeramente mejor, que acaba siendo menos estupendo.

Por supuesto, no existe promesa alguna de que si perseveras conseguirás exactamente aquello que esperas. Sin embargo, la única certeza es que si tiras la toalla, *no* lo conseguirás. Si tu sueño es un amor o un matrimonio que dure toda la vida, y tú le pones fin, jamás compartirás tu vida con una sola persona. La vida es real y, en ocasiones, su proceso puede ser tan desgarrador, tan decepcionante o sencillamente tan poco emocionante que no puedes imaginar que cambie jamás.

Sin embargo, sí es posible y con frecuencia ocurre.

¿Has pensado alguna vez qué hizo que las películas de *Rocky* tuvieran tanto éxito? No fueron las escenas de peleas. Esas eran melodramáticas, y rayaban lo cómico. Nadie se creería los golpes infligidos en esos combates. Lo que elevó a *Rocky* por encima de tantas películas es que Sylvester Stallone interpreta de un modo brillante el *entrenamiento diario* de Rocky Balboa, mientras suena de fondo la magnífica canción de Bill Contim «Gonna Fly Now» [Ahora voy a volar].

La realidad cotidiana de la lucha persistente y anónima es lo que les llegó a las personas, lo que las inspiró, lo que hizo volar sus aspiraciones. No fue el resultado final; después de todo, Rocky perdió el primer combate; el proceso fue lo que hizo que las películas fueran tan interesantes.

Esto mismo es aplicable al matrimonio. Sin la lucha, el matrimonio es como el melodrama. Si Dios permitiera que el enamoramiento permaneciera, ¿cuántos de nosotros haríamos el trabajo cotidiano para lograr la intimidad real?

Ahora, cuando veo a una pareja enamorada, veo melodrama y no la envidio. Sé que tendrán que enfrentarse al momento en que sus ojos estén real y verdaderamente abiertos. Entonces tendrán que luchar contra la decepción; algunos incluso pueden encontrarse peleando contra el desdén. Ahora sonríen y se besan las manos, pero tienen mucho trabajo por delante, en un futuro próximo y, francamente, me alegro de estar del otro lado.

Esto es lo que muchas parejas no entienden, porque *nunca* se ve en las películas (que se centran exclusivamente en el melodrama del enamoramiento): existe algo incluso mejor que ese enamoramiento: valorar a alguien a quien conoces de verdad. Yo he estado enamorado, y he vivido lo que es valorar. Valorar es mejor.

Conseguir un matrimonio en el que se valora requiere trabajo. Exige aceptar el entrenamiento cotidiano en lugar de suspirar por la melodramática escena de la pelea ante las multitudes. Sin embargo, al final, el valorar es el hilo conductor de la película.

Antes de tirar la toalla en una relación frustrante, comprende que el enamoramiento tiene que morir antes de que la intimidad auténtica (conocerse y aceptarse) pueda empezar de verdad. Aprender a valorar es el mapa de carretera que aporta viento fresco a una vieja relación, nuevas esperanzas y días mejores.

No te sientas necio/a por seguir creyendo. Considérate un boxeador desconocido de Filadelfia (como Rocky) que recibe una sorprendente oportunidad de notoriedad, que se levanta temprano, bebe huevos crudos, caza pollos y hace todo lo que debe hacer para alcanzar este sueño.

Aquella mañana en California, cuando visitaba a mi suegra, me encantó estar con Lisa. Yo la valoraba. Rodeé sus hombros con mi brazo. Quería sostener su mano y asegurarme de darle un beso de despedida cuando regresé al hotel para trabajar, mientras ella se preparaba para pasar el día con su madre. Si el día de mi boda me hubieran dicho que mi matrimonio se vería y sería así, treinta años después, yo habría respondido: «¡Guay!». Pero si me hubieras indicado esto durante ciertos periodos de nuestro matrimonio, tal vez no te habría creído. En momentos de desesperación resulta difícil ver la esperanza en el futuro remoto.

Si pudiera volver atrás y hablarle a ese muchacho de veintiocho años que era yo, le aconsejaría: «Aguanta, Gary. Todavía no está cerca. Te quedan otros cuatro años antes de lanzarte a escribir de verdad. Pero cuando ocurra, el gozo de lo que tendrás se tragará el dolor por lo que no posees, en una proporción de diez a uno».

Creo que esto mismo puede ser cierto para tu matrimonio. Por favor, no abandones.

CAPÍTULO 8

Palabras de valoración

Valorar nos enseña a usar
cuidadosa e intencionadamente
nuestros oídos y nuestras palabras
para expresar nuestro afecto

L isa pensó que había conocido al hombre casi perfecto, sentado junto a ella en un avión, hasta que sus propias palabras lo descartaron como tal. Ella imaginaba que era médico, por lo que consultaba en su computadora y por el documento que estaba escribiendo. Sin embargo, lo que la entusiasmó en realidad fue la comida que llevaba consigo. «Era supersano», contaba Lisa con admiración. «Bebió un batido verde, una botella de agua con gas y se comió una ensalada de alubias negras y quinoa, una bolsa de zanahorias y un trozo de queso cheddar de postre».

Si conocieras a mi esposa, sabrías que esto es lo más atractivo que se puede ser. Si «eres lo que comes», a Lisa le encanta alguien que coma saludable.

En ese mismo vuelo (reservamos tarde y no pudimos conseguir dos asientos juntos), el marido de Lisa (ese soy yo) comió un *parfait* de yogur («¿Tienes idea de la cantidad de azúcar que hay en ese tipo de yogur?», me preguntó Lisa), una bolsa de nueces y unas cuantas pasas de chocolate negro (lo de «negro» le importa a Lisa; es un compromiso matrimonial entre ambos).

¿Cómo podía yo competir en estima con un tipo que escoge un batido verde cuando su esposa no está con él, compra realmente una ensalada de quinoa y alubias negras y considera que un trozo de queso cheddar es un «postre»?

Después de aterrizar, Lisa oyó al doctor responder a una llamada de teléfono y su opinión sobre él cambió por completo. En un tono cortante, fue cruelmente breve con su esposa; no hubo «calentamiento» ni un encantador «hola, cariño»; tan solo un duro utilitarismo: «Sí. De acuerdo, bien, sigo en el avión... Lo que sea». Tras varias frases como esta, su voz cambió de repente: «Hoooolaaaa, Alex, ¿cómo estáaaas?».

Luego volvió a cambiar de nuevo a peor: «De acuerdo. Está bien».

«Ya te he *dicho* que podemos ir en cuanto llegue a casa».

«Bien».

«Adiós».

La ausencia de un «qué alegría escuchar tu voz», «Te amo», o entusiasmo (como mostró por su hijo) convirtieron aquello en una llamada bastante fría. Valoró a su hijo con su voz, pero no a su esposa.

Ese doctor, dado su entrenamiento y su práctica de la medicina, entiende mucho más del cuerpo humano de lo que yo podría esperar aprender jamás. Puede tratar las enfermedades con lo mejor de ellos. Sin embargo, ¿era consciente del daño que esa sencilla llamada telefónica le hizo a su matrimonio? ¿Se dio cuenta del clima que estaba creando para esa inminente reunión marital?

«¿Qué hay de malo en lo que dije?», podría argumentar. Pero esa pregunta es incorrecta si estás procurando valorar, que es algo positivo y no la falta de algo negativo. Para valorar tienes que preguntar: «¿Qué fue *correcto, edificante, amoroso* en aquella conversación?».

Cualquier conversación —¡aunque solo sea una!— te acerca o te aleja de un matrimonio que valora. La Biblia declara esta verdad: «En la lengua hay poder de vida y muerte» (Proverbios 18.21). Me encanta la forma en que Barbara y Dennis Rainey lo describen: «Podemos crear vida en nuestro compañero/a con nuestras palabras positivas, o infligir destrucción con nuestras palabras negativas o descuidadas».[16]

Donnie admite libremente que él «vive y muere con la afirmación verbal». Esto fue un problema cuando se enamoró de Jaclyn, quien había crecido en un hogar donde las personas casi nunca habían dicho «te amo».

Después de leer juntos *Los cinco lenguajes del amor,* Jaclyn se sintió un tanto preocupada cuando descubrió que ese lenguaje más fuerte del amor era, de lejos, palabras de confirmación. «Sencillamente, es algo que no se me da bien», le advirtió ella.

Pero Jaclyn quería que Donnie se sintiera valorado, de modo que empezó a anotar las cosas por las que podía elogiarlo, así como aquellas que le gustaban de él. Esa lista inicial acabó llenando casi cinco páginas.

Una vez empezó, Jaclyn ya no pudo detenerse. Llevaban casi una docena de años casados y Donnie se sentía profundamente valorado. «Ella es un estímulo tan grande para mí», afirma él.

Lo que conmueve a Donnie tanto como la forma en que Jaclyn habla con él es oírla decirle a otro miembro de la familia —la abuela de Jaclyn, por ejemplo— sobre algo maravilloso que él ha hecho.

La suya es una lección importante: si queremos que nuestro cónyuge se sienta valorado, es posible que tengamos que trabajar en unas cuantas cosas que no se nos dan bien por naturaleza. Las palabras son una herramienta demasiado poderosa como para no ponerla en servicio si queremos un matrimonio que valora.

A principios de su matrimonio, Jaclyn oyó a una mujer decirle: «No pronuncies jamás una mala palabra sobre tu marido».

«Esto fue importante para mí», comentó Jaclyn. «Donde me crié, los hombres eran perdedores y las mujeres tenían que llevar los pantalones. Cada esposa que conocía hablaba mal de su marido. Me alegra tanto que una mujer me dijera que el matrimonio no tenía que ser así, que no teníamos que hablar el uno del otro de esa manera. Ese tipo de lenguaje negativo habría sido tan doloroso para Donnie si yo hubiera decidido actuar como las esposas que había visto mientras crecía».

Una de las otras formas en que Jaclyn y Donnie habían aprendido a usar las palabras para servir a su propósito de valorarse es mantener su deseo sexual el uno por el otro a un alto nivel. «Tenemos toneladas de bromas privadas», comenta ella. «Podemos convertir *cualquier cosa* en una referencia sexual. Por supuesto, no actuamos así delante de otros, sino que es algo que siempre nos hace reír».

Donnie y Jaclyn han aprendido a destacar en el uso de las palabras como herramientas para ayudarse uno a otro a sentirse valorado.

La curiosidad salvó el matrimonio

Pam Farrel escribe en varios de sus libros que la esposa suele sentirse más amada cuando su marido es, sencillamente, más *curioso* respecto a ella.[17] Si un marido dice: «Quiero saber *más*», para algunas mujeres esto es un juego previo verbal directo. Los provoca emocionalmente.

«Mi esposo está interesado en mí. Quiere saber más. No solo no le aburro, sino que no se harta de mí».

Y estoy seguro de que esto es igualmente cierto para los maridos abatidos que rara vez son respetados en casa o en el trabajo.

Sin embargo, observa cómo se basa esto en empezar. No basta sencillamente con escuchar. Debemos dar el paso siguiente, comprometernos, llegar incluso más allá y decir: «Quiero más. Dime más». *Tenemos que mantener nuestra curiosidad.*

¿No es esto, en parte, lo que hacía las citas tan excitantes? Oír decir a alguien: «Cuéntamelo todo sobre ti. ¿Qué piensas? ¿Qué haces? ¿Qué te ha ocurrido? Quiero escuchar más». De repente, ya no éramos invisibles. Una mujer, o un hombre, parecía fascinado por nuestro pasado y ansioso por llegar a conocernos en el presente. Para muchos de nosotros, este tipo de conversaciones nos daban vida. Después de años siendo desestimados por los padres y los hermanos mayores, grupos de colegas innumerables y la apatía general de un mundo absorto en sí mismo, alguien nos hizo sentir como si importáramos y tuviéramos algo digno de contar, o al menos interesante que decir. (Así es también como empiezan muchas historias de infidelidad. Cuando te sientes descuidado/a por tu cónyuge y otra persona siente curiosidad por ti, puede tocar tu alma entumecida como si fuera una droga).

Aunque Jaclyn aprendió a usar palabras de confirmación hacia Donnie, él tuvo que instruirse en cómo usar sus oídos y hasta sus ojos para afirmar su curiosidad. «Un maestro me dijo una vez que se escucha con los ojos tanto como con los oídos. Si quieres que alguien sienta que te importa, tienes que mirarle». Donnie aplica esto con Jaclyn. «Me aseguro de empezar a mirarla tan pronto como comienza a hablar. Esto me ayuda a enfocarme. Aunque no me interese de forma particular lo que ella esté diciendo, me sigue importando la persona que habla, así que la miro».

En una ocasión, cuando Donnie intentaba redondear un proyecto potencial de doscientos mil dólares, para la mañana siguiente, Jaclyn se vio comentándole algo que había leído en Facebook sobre una vieja amiga. En verdad, a Donnie no habría podido importarle menos esa persona *en aquel momento*. Estaba totalmente centrado en una tarea urgente del trabajo.

Pero como valoraba a Jaclyn, Donnie levantó la mirada y la escuchó. «No me importaba esa amiga tanto como el proyecto de doscientos mil dólares, pero Jaclyn sí me importa *más* que dicho proyecto, así que dejé lo que estaba haciendo y la escuché».

Maridos, la mayoría de las veces valorar no tiene nada que ver con lo que sus esposas estén diciendo, sino con quién está hablando. La actitud de Donnie podría servir de lección para todos nosotros.

Persígueme

Permíteme hablar un poco más sobre cómo la curiosidad crea y mantiene un matrimonio que valora. Mi esposa y yo nos encontrábamos en un grupo de lectura para mujeres que acababan de leer juntas *Sacred Influence* [Influencia sagrada], y querían debatirlo con nosotros. Una mujer hizo una pregunta muy razonable: «¿Por qué las mujeres leen media docena de libros sobre el matrimonio por cada uno que leen nuestros maridos?». Señores, si quieren ustedes valorar a su esposa como Cristo lo hizo con la iglesia, apreciar con curiosidad significa que tienen ustedes que ser, al menos de vez en cuando, los iniciadores, como Él lo fue en su relación con la iglesia. Estábamos alejados de Dios, de modo que Jesús vino a nosotros para llevarnos de regreso. No esperó a que la iglesia se acercara a Él. No aguardó a que la esposa, como parte «relacional», estuviera más dedicada a la relación y le suplicara volver.

Si valoras a tu esposa con curiosidad, habrá veces en que *tú* seas quien pronuncie las famosas palabras: «Tenemos que hablar». *Tú* serás quien busque el mejor consejero matrimonial si hubiera necesidad de uno. Hasta puedes pedirle a tu esposa que te acompañe a una conferencia sobre matrimonio en lugar de esperar que ella te invite. Si tu mujer siente que es la única que está intentando mejorar su matrimonio, es que no estás siendo curioso ni la estás valorando.

Ahora, una palabra rápida a las mujeres: si la curiosidad, de la forma y en el tono correctos, hace que tu hombre se sienta valorado, también iniciarás algunas conversaciones. Algunas mujeres pueden recelar preguntar a sus maridos qué piensan, creyendo que ya saben todo lo que necesitan saber o seguras de que ellos discreparán. Tal vez suponen que buscar la opinión de su marido es parecido a pedirle permiso, y cualquier cosa que huela a sumisión tiene que ser despreciada como si fuera una reliquia atroz del pasado bárbaro. Esposas, sepan solo esto: si sus maridos no las han oído nunca buscar su opinión, la principal conclusión que sacarán es que su criterio no les importa a ustedes. Y en ese ambiente, sus maridos no se sentirán nunca valorados.

Señores y señoras, si tienen un importante cliente de negocios, ustedes se encargan de saber qué están haciendo y quién puede estar rondándolos; mantienen su curiosidad o se arriesgan a perder la relación. En un sentido, el matrimonio es similar. La apatía en el matrimonio es una de las peores heridas que un cónyuge puede infligir.

Dietrich Bonhoeffer define el escuchar como uno de los mayores servicios que podemos ofrecernos unos a otros:

> El primer servicio que uno debe a los demás de la congregación consiste en escucharlos. Así como el amor a Dios empieza escuchando Su Palabra, también el principio del amor por los hermanos es aprender a escucharlos... Por tanto, cuando lo hacemos, es Su obra la que hacemos por nuestro hermano... Escuchar puede ser un servicio mayor que hablar.[18]

Esto significa que si quieres valorar a tu cónyuge, tienes que vivir según Santiago 1.19 y ser «rápidos para escuchar» y «lentos para hablar» (NTV). Valorar requiere un oído ávido y una lengua estratégica. Significa mantener nuestra curiosidad.

Por aquí, cari

Ahora que tenemos el nido vacío, Lisa me acompaña en la mayoría de mis viajes. Tuve que volver a comprender de nuevo lo que significa valorar verbalmente a Lisa cuando estamos de viaje. El matrimonio es esto: evolucionar continuamente como pareja a medida que su vida cambia. De otro modo, se irán apartando en lugar de unirse.

En esta nueva temporada de viajes en común, Lisa tuvo la extraña habilidad de girar siempre a la derecha al salir del ascensor cuando debería haberlo hecho a la izquierda. Entramos en un aparcamiento, y ella giró invariablemente hacia el norte, cuando el auto estaba al sur. Lisa tiene una escasa relación con el tiempo —el reloj tiene sus opiniones y Lisa las suyas—; por lo general tuvimos que apresurarnos para marchar; sin duda ella estaba distraída. Y cuando regresábamos de alguna parte, Lisa estaba tan concentrada contando una conversación o hablándome que ni siquiera se molestó en intentar recordar dónde se encontraba nuestra habitación o el auto. Ella sabía que yo conocía el camino, de modo que se limitaba a seguir hablando.

Las dos primeras veces que Lisa giró hacia el lado equivocado, pensé que era un simple error. Finalmente, después de varias veces (llevábamos allí un par de días), le pregunté:

—¿En serio? ¿Otra vez?

Eso no funcionó demasiado bien (puedes imaginártelo), así que en la siguiente ocasión sencillamente giré en la dirección correcta y esperé que Lisa se diera cuenta.

Esto tampoco funcionó del todo.

—¿Qué se supone, pues, que debo hacer? —le pregunté—. Si no digo nada, te incomodas. Si lo menciono, no lo hago de la forma correcta, y me dices que te hago sentir estúpida. Estoy desorientado.

—Es tan fácil —replicó Lisa—. Di sencillamente, «por aquí, cari» *exactamente en ese tono.*

Y eso fue lo que hice en la siguiente ocasión.

—Por aquí, cari.

Lisa giró la cabeza y me regaló una sonrisa espléndida.

—Perfecto —dijo.

Ahora nos reímos cada vez que eso sucede. Nos acerca más el uno al otro, en lugar de separarnos lentamente. Se ha convertido en una parte de nuestra historia matrimonial.

Las palabras importan de verdad para la mayoría de los cónyuges, y el tono es una gran parte de ello. Tu cónyuge no se sentirá valorado/a si no aprendes a controlar tu tono.

Pero observa: a veces tienes que preguntarle a tu cónyuge cómo valorarlo/a en momentos en los que no te sientes valorado/a. Llevo treinta años casado con Lisa, pero todavía tuve que preguntarle: «Muy bien; ¿cómo te reoriento sin herirte?». Una esposa puede tener que preguntarle a su marido: «¿Cómo puedo discrepar de ti u ofrecer una opinión contraria sin hacerte sentir que no te respeto?».

Los desaires verbales, a menudo involuntarios, pueden agotar la vida de tu matrimonio. Tal vez podrías preguntarle a tu cónyuge —en particular si estás leyendo esto con él o con ella justo ahora—, si existe una situación similar en tu relación donde necesites decir: «Por aquí, cari».

Por ejemplo, me llevó un par de décadas aprender cómo despertar a Lisa. En los primeros años, me sentía confuso como marido. Cuando la despertaba a la hora acordada, ella parecía enojada contra mí por interrumpir su sueño. Cuando la dejaba dormir, se enfadaba porque no la hubiera despertado. Yo sentía como si no pudiera acertar.

Pero cuando aprendí cómo despertarla dulce y suavemente, cómo «valorar» básicamente su despertar, todo cambió. Yo lo había configurado todo de manera que *ella* era el problema: si la despertaba o la dejaba dormir, yo estaba en problemas. Pero la cuestión era, en realidad, la *forma* en que yo lo estaba haciendo. Ahora, si voy a estar en casa por la mañana, Lisa nunca quiere poner su reloj, porque afirma: «Tú eres mucho más agradable que el despertador».

Sé específico/a y deliberado/a

Escoger deliberadamente la forma de hablar es básico para una vida entera de valorar a nuestra pareja. El padre primitivo de la iglesia, Juan Crisóstomo, instó a los maridos (hablando de sus mujeres): «No la llames nunca solo por su nombre, sino también con términos de cariño, con honra, con mucho amor. Si la honras, ella no requerirá honra de otros; no deseará esa alabanza que otros dan, si ella disfruta del elogio que viene de ti. Prefiérela a todas las demás, de todas las formas, tanto por su belleza como por su sensibilidad, y alábala».[19]

Valorar nos llama a ser específicos/as. Como joven esposo, no supe entender cuánto se perdía Lisa de mi adoración por ella y cuánta de mi decepción captaba. Yo pensaba para mí mismo, *¡Vaya! ¡Lisa está fantástica!*, pero cuando no se lo decía, ella pensaba, *No está diciendo nada. Debe de ser un mal día.*

El silencio es, a menudo, involuntariamente malicioso, así que intenta verbalizar cada cosa positiva en la que puedas pensar. Y eso significa ser específico/a. Para Lisa es mucho más significativo cuando le digo: «¡Tus ojos están iluminados y preciosos esta noche!» y no un «¡Tienes un aspecto estupendo!». (Aunque no creo que haya odiado jamás escuchar un «tienes un aspecto estupendo»).

¿Por qué estás enamorado/a de tu cónyuge? ¿Qué admiras en él/ella? ¿Qué te hace sonreír cuando piensas en tu cónyuge? *Díselo* a ella.

Díselo a él.

Cuando nos criticamos a nosotros mismos o cuando lo hacen otros, nosotros y ellos tendemos a ser extremadamente específicos: «Me saca de quicio cuando te crujes los nudillos». «Eres un vago; mira este desorden». «Eres un perezoso y no te levantas nunca del sofá». Usar palabras específicas de alabanza auténtica contrarresta esto. Como lo expresan Barbara y Dennis Rainey: «Tu alabanza puede ser excesiva solo si tus palabras no son sinceras. El elogio genuino, sentido, no puede ser exagerado».[20]

Si tú no le dedicas palabras de aliento a tu cónyuge, ¿quién lo hará? Me encanta la forma en que Rainey pone esta obligación en el plato de cada cónyuge: «Tú tienes la principal responsabilidad para sembrar palabras de creencia y admiración en tu cónyuge».[21] Ningún agricultor espera que un vecino, un pariente lejano o un miembro de la iglesia siembre la semilla en su campo; es su finca y, por tanto, su responsabilidad. Tan pronto como contraes matrimonio, ser el/la principal alentador/a de tu cónyuge ya no es tarea de tu familia política (algo va mal si este es el caso) ni de tus hijos, ni de tu grupo de iglesia ni del patrón de tu cónyuge. Ni siquiera es algo que deba hacer el mejor amigo de tu cónyuge. Es tarea *tuya* ser el/la principal abogado/a, alentador/a y valorador/a de tu cónyuge.

¿Estás haciendo tu trabajo?

Un fin de semana, cuando llevábamos treinta años casados, tuve uno de esos días brutales de viaje. Hablé en una ceremonia de graduación para la sucursal de Sacramento del Seminario Occidental, un sábado por la mañana, y planeé volar de inmediato de regreso a Houston para predicar en el culto de las once, el domingo por la mañana en la Second Baptist. Es una cita con unas cinco mil personas, aproximadamente.

Tan pronto como la ceremonia acabó, recibí un mensaje de United Airlines: mi primer vuelo tenía demora, y esto significaba que perdería mi conexión con el de Houston. Llamé a la aerolínea al borde de la desesperación: «Me tienen que llevar de vuelta a Houston antes de mañana por la mañana».

El empleado del servicio de atención al cliente respondió: «Podemos desviarle por San Francisco. Puede tomar un vuelo a Houston a las 11:15 de la noche, con llegada a las 5:15 de la mañana».

«Está bien. Lo tomo».

Pasé unas nueve horas en total en dos aeropuertos distintos, intenté dar una cabezadita cuando por fin me encontraba en el vuelo de las 11:15 y, después de aterrizar y recoger mi equipaje, regresé a mi casa cuatro horas antes de que empezara el culto. Me acosté durante dos horas improductivas, deseoso de dormir, y después tomé una ducha, me afeité y llegué a la iglesia a tiempo.

Estar sobre un escenario, frente a cinco mil personas en Houston, cuando había estado sentado en un aeropuerto de San Francisco diez horas antes, a altas horas de la noche, me producía un sentimiento surrealista.

Más tarde, ese mismo día, mi esposa publicó en Facebook:

Impresionada hoy por mi marido... llegó a casa a las siete de la mañana, tras nueve horas de retrasos de vuelo, salió de la cama ALEGREMENTE a las 9 (agradecida por sus dos horas de sueño, ¡y predicó un extraordinario sermón a las 11! Y hasta tenía buen aspecto, sin el beneficio del maquillaje o de un café :).

Estaba francamente «impresionada» por mí. Cuando una esposa dice algo así en público, ni siquiera necesito escuchar lo que sigue. Me siento valorado. Me sentí treinta centímetros más alto. Esperaba mirarme en el espejo y ver una cabeza poblada de cabello.

Ese es el poder de las palabras de reafirmación.

Ten en mente que cada vez que afirmas algo, ese rasgo o cualidad queda reforzada por lo general: «Aprecio tu integridad; me encanta tu gozo; tu bondad es tan asombrosa». Tiende a aumentar lo bueno. Cuando un cónyuge piensa, *Creo que soy amable,* es probable que quiera seguir actuando de ese modo, pero así es como él se ve. Esto se convierte en parte de su identidad. Si quieres ver cambios en tu cónyuge, busca el núcleo de algo bueno y refuérzalo de forma específica y verbal. ¿Recuerdas al marido que recibió de su esposa el diario en el que ella registró sus actos más excelentes a lo largo del año? ¿Te acuerdas de cómo respondió él? «Leer ese diario me hace aspirar a ser el hombre que ella cree que soy».

En un sentido, afirmar a tu cónyuge es un deber espiritual a la vez que marital. El escritor Sam Crabtree empieza su libro *Practicing Affirmation* [Practicar la afirmación] con una fuerte declaración: «Si Dios es soberano, y toda buena dádiva es de lo alto, no alabar lo bueno en los demás es una especie de sacrilegio y de enfermedad del alma».[22] Una de las formas en que adoramos a Dios es hacer una pausa lo suficientemente larga para examinar su obra, no solo pintando una puesta de sol, sino dándole a un hombre antes dirigido por el enojo un poco más de paciencia y bondad, o reconocer que una mujer que una vez fue impaciente haga gala ahora de la perseverancia de Job. Admite el crecimiento. Proclámalo. Alábalo.

Sé dulce

Llegados a este punto, debería entenderse que el lenguaje abusivo no tiene lugar —*ninguno*— en un matrimonio basado en valorarse el uno al otro. Estallar verbalmente contra tu cónyuge, regañarle, ridiculizarlo/a, herirlo/a con las palabras, todo esto es lo contrario de lo que se supone que es el matrimonio. En Colosenses 3.19 tenemos una imagen completa de lo que significa valorar cuando proporciona una receta concisa y sucinta a los hombres respecto a cómo valorar a sus esposas. Pablo les dice a los maridos que «amen a sus mujeres y no sean ásperos con ellas» (NBLH).

¿Puedes encontrar un mandamiento más claro en todas las Escrituras?

Escoge siempre amar.

No la trates nunca con aspereza.

Tratar a tu esposa con aspereza significa emprender cualquier acto que le amargue la vida. Áspero es exactamente lo contrario de valorar. Este pasaje les está diciendo básicamente a los hombres: «Dado que están llamados a valorar a sus esposas, no hagan nunca lo opuesto a valorar, que es ser áspero».

Si eres áspero con tu esposa —ciertamente de forma física, pero también verbal, emocional o incluso intelectual (en la forma en que pienses sobre ella)—, ni siquiera has puesto el pie en la senda sagrada de la valoración. Tienes que decidir que, así

Valorar

como un verdadero patriota no tomaría jamás las armas contra su propio país —antes preferiría morir—, tú no atacarías a tu cónyuge en modo alguno. Debe de ser impensable, en el ámbito de lo imposible.

Tus puños no la golpearán jamás, aunque pueden apretarse para protegerla. Tu lengua pronunciará la dura verdad en ocasiones, pero solo para sanar, alentar y liberar la luz; nunca para hacer de menos, ridiculizar o dañar. Tus brazos y tu afecto son la parte más constante, calidad y cómoda de su existencia humana y terrenal. Rodeada por ti, ella sabe que tú te llevarás el primer golpe.

Señores, es muy mala señal —que te indica que algo va gravemente mal— que tu esposa defina alguna vez su experiencia matrimonial como amarga. Es lo contrario a valorar.

Las mujeres también pueden ser verbalmente violentas, por supuesto. Ahora que nuestros amigos son padres de hijos que se están casando, contemplamos el matrimonio desde un ángulo distinto: cómo tratan a nuestros hijos sus cónyuges. Una de nuestras amigas tiene varios hijos y sufre cuando ve a una de sus nueras hablarle con aspereza a su hijo.

—La verdad es que, sencillamente, mi hijo no ve la basura que ella quiere que él recoja. No es desordenado a propósito; solo está ciego ante ello. Pero cuando olvida recoger y además se deja la puerta del garaje abierta por la noche, su esposa le dice: «¿Es que no puedes hacer nada bien? No puedo confiar en ti en nada».

»Ese tipo de lenguaje lo mata. ¡Y me asusta tanto que lo lleve a tirar la toalla!».

—¿Qué crees que debería hacer tu nuera de un modo distinto? ¿Cómo puede hablar con más dulzura? —le pregunté a nuestra amiga:

—Existe un tremendo poder en la palabra *nene/a*. Suaviza cualquier cosa que venga después. «Oye, nene, te has vuelto a dejar la puerta del garaje abierta. Por favor, ten un poco más de cuidado». Esa sola palabra establece un tono totalmente diferente: «No eres mi enemigo; sigues siendo mi nene». Pero tiene que ser más que limitarse a tratar lo negativo de un modo positivo. Transmite vida a tu marido con tus palabras; dirígele palabras de aliento; respétale con tus palabras; fíjate en las pequeñas cosas y dale las gracias».

—Fijarse es *tremendo* —dijo su marido, interviniendo en la conversación.

La esposa sonrió y añadió:

—No olvides nunca que tu marido de veintitantos, treinta y tantos o incluso cuarenta y tantos años sigue siendo un niño pequeño por dentro que solía decirle a su madre: «¡Mírame! ¡Mírame!». Es algo que nunca superan.

Hablar con dulzura es evitar cualquier lenguaje que pudiera amargarle la vida a tu cónyuge. Es amortiguar la dura verdad con cariños como «nene». Es poner el fundamento de una conversación positiva que respalde el lenguaje correctivo adicional.

No puedes construir un matrimonio íntimo con duras palabras y ataques verbales. Es como intentar plantar semillas en el hormigón. Cuando piensas en valorar, piensa en «dulce», en «¿cómo puedo ser una presencia sanadora en la vida de mi cónyuge?».

Ratifica el evangelio

Una de las mejores formas de valorar a tu cónyuge con palabras es ratificar el evangelio —el mensaje básico del cristianismo— y plantar con regularidad su verdad en el corazón y la mente de tu amado. A veces tenemos que recordarle el evangelio a nuestro cónyuge —la total y completa aceptación delante de Dios, por la obra acabada de Jesucristo en la cruz—, porque algunos de ellos le cepillan los dientes a su peor enemigo cada día. Son tan duros con ellos mismos que se han convertido básicamente en un enemigo de su propia felicidad. Con corazones serios, el estándar que han establecido para sí mismos y su negativa a aceptar la gracia son tales que nadie los critica más que ellos mismos.

Es necesario ser una voz discrepante, constante y persistente que compense todo lo negativo, lleno de culpa con el perdón, la afirmación, la aceptación y el amor profusamente inmerecido de Dios.

Si crecieras pensando en Dios como un duro capataz; si no estás familiarizado con lo que significa «hablar el evangelio» a tu cónyuge, considera los siguientes ejemplos bíblicos.

Considera, por ejemplo, cómo vio Dios a Rajab. Era una prostituta y una mentirosa, y sus propios paisanos podrían haberla llamado traidora. ¿Por qué, por ejemplo, crees que fue rápidamente capaz de esconder a los espías de Israel de su propia gente? En ese tiempo, una prostituta tenía que ser muy hábil ocultando a los hombres cuando sus esposas o parientes varones venían buscándolos. No es una coincidencia que supiera de inmediato donde podrían esconderse dos hombres con rapidez y eficacia. Tenía experiencia, de la peor posible, aunque Dios la usó de la mejor forma, llevando a cabo su plan para los israelitas. Y así, Dios elogia a Rajab como una «mujer de fe» que dio una hospitalaria bienvenida a los espías de Israel (Hebreos 11.31). *Se la elogia por esconder a dos hombres y no se la condena por haberse acostado con centenares de ellos.*

Considera también a Noé. Una vez bebió tanto que perdió el conocimiento y maldijo a uno de sus hijos por su propia vergüenza. Sin embargo, Dios le declaró «heredero de la justicia que viene por la fe» (Hebreos 11.7).

¿Y qué me dices de Sara? Ella se rio —se *rio*— del ángel de Dios quien le dijo que concebiría un hijo en su edad avanzada. ¿Recordó Dios su risa? Al contrario, «a pesar de su avanzada edad y de que Sara misma era estéril, recibió fuerza para tener hijos, porque consideró fiel al que le había hecho la promesa» (Hebreos 11.11). ¿Sara le consideró fiel? Curioso, *yo* no recuerdo haber leído que las cosas fueran así.

Pero Dios sí.

También podemos recordar a Job, quien, seamos sinceros (lee sus propias palabras), murmuró contra Dios, maldijo el día de su nacimiento, se quejó ciertamente y pareció muy impaciente ante sus enfermedades; sin embargo, ¿cómo lo describe la Palabra de Dios? «Ustedes han oído hablar de la perseverancia de Job» (Santiago 5.11).

La perseverancia de Job. Así es como Dios le recuerda.

Si estás en Cristo y tu cónyuge también, Dios no ve tus peores pecados ni tampoco los más insignificantes. Él ve a Cristo en ti. Por consiguiente, ve la fe que has ejercitado. Ve las buenas obras que has hecho, la gloria que ha puesto en ti por su Espíritu Santo.

Quiero que tú y tu cónyuge caminen en el gozo del perdón y la gracia, la emoción legítima de que, como hijo de Dios perdonado por Cristo y empoderado por el Espíritu Santo, todo lo malo que has hecho está perdonado —¡ha desaparecido!— y todo lo bueno se celebra y se recuerda.

Satanás no solo *tienta* a tu cónyuge; intenta *desalentarlo*, y el evangelio es el mejor remedio para edificarle frente a su batalla diaria con el pecado. Háblense palabras de la aceptación y la confirmación el uno al otro. En una noche de cita, lean Romanos 3.21–26 juntos, y comenten cómo impacta esta verdad en su matrimonio y su condición de padres

> Pero ahora, sin la mediación de la ley, se ha manifestado la justicia de Dios, de la que dan testimonio la ley y los profetas. Esta justicia de Dios llega, mediante la fe en Jesucristo, a todos los que creen. De hecho, no hay distinción, pues todos han pecado y están privados de la gloria de Dios, pero por su gracia son justificados gratuitamente mediante la redención que Cristo Jesús efectuó. Dios lo ofreció como un sacrificio de expiación que se recibe por la fe en su sangre, para así demostrar su justicia. Anteriormente, en su paciencia, Dios había pasado por alto los pecados; pero en el tiempo presente ha ofrecido a Jesucristo para manifestar su justicia. De este modo Dios es justo y, a la vez, el que justifica a los que tienen fe en Jesús.

Otra noche, lean Romanos 5 entero —demasiado largo para copiarlo aquí—, algo grande que hacer durante una cita. Y siempre estén dispuestos a hablar Romanos 8.1–4 cuando oigas a tu cónyuge lanzarse en una conversación autocompasiva.

> Por lo tanto, ya no hay ninguna condenación para los que están unidos a Cristo Jesús, pues por medio de él la ley del Espíritu de vida me ha liberado de la ley del pecado y de la muerte. En efecto, la ley no pudo liberarnos porque la naturaleza pecaminosa anuló su poder; por eso Dios envió a su propio Hijo en condición semejante a nuestra condición de

pecadores, para que se ofreciera en sacrificio por el pecado. Así condenó Dios al pecado en la naturaleza humana, a fin de que las justas demandas de la ley se cumplieran en nosotros, que no vivimos según la naturaleza pecaminosa sino según el Espíritu.

En vacaciones, saquen su Biblia y hablen sobre Efesios 1.3–8, 13, 14:

Alabado sea Dios, Padre de nuestro Señor Jesucristo, que nos ha bendecido en las regiones celestiales con toda bendición espiritual en Cristo. Dios nos escogió en él antes de la creación del mundo, para que seamos santos y sin mancha delante de él. En amor nos predestinó para ser adoptados como hijos suyos por medio de Jesucristo, según el buen propósito de su voluntad, para alabanza de su gloriosa gracia, que nos concedió en su Amado. En él tenemos la redención mediante su sangre, el perdón de nuestros pecados, conforme a las riquezas de la gracia que Dios nos dio en abundancia con toda sabiduría y entendimiento...

En él también ustedes, cuando oyeron el mensaje de la verdad, el evangelio que les trajo la salvación, y lo creyeron, fueron marcados con el sello que es el Espíritu Santo prometido. Este garantiza nuestra herencia hasta que llegue la redención final del pueblo adquirido por Dios, para alabanza de su gloria.

Estas verdades no envejecen nunca. Es necesario que se nos recuerden cada día. El mejor regalo que podemos darles a nuestro cónyuge e hijos es la seguridad del evangelio.

Valorar

Te ruego que no pases por alto la última frase: más precioso que un collar de oro puro, más hermoso que unos pendientes de diamante, más bello que dos docenas de rosas y más refrescante para un hombre que un té helado o una cerveza (según su preferencia) en un caluroso día de verano es proclamar la verdad, la gloria y el perdón del mensaje del evangelio de Dios a tu cónyuge.

Aquí tienes un beneficio secundario: la persona gozosa que camina en gracia y esperanza puede valorar mucho más que quien está enredado en la culpa por cuya eliminación Cristo murió. Nuestra culpa no le sirve a nadie. En Cristo, nuestra autocondenación ofende a Dios; no le agrada. Andar en condenación es llamar a Dios mentiroso y afirmar que la obra de Cristo es insuficiente. Uno de los peores pecados que puedes cometer como cristiano es definirte por tu pecado. Del mismo modo, uno de los peores pecados que puedes cometer contra tu cónyuge es definirle siempre por su pecado. El matrimonio bíblico trata de definirse el uno al otro como Cristo nos define: hijos e hijas salvos que crecen más magníficos cada día, hasta que son perfeccionados por Cristo mismo al final.

Cuando se ha tratado como es debido con nuestra culpa, de una forma definitiva y poderosa, y cuando se ha declarado nuestra aceptación mediante una autoridad que excede de lejos la nuestra, podemos por fin aceptar algo superior a «eres especial». Podemos admitir un «eres perdonado/a, adoptado/a y estás seguro/a. Eres *valorado/a* por el Dios del universo, el Rey de reyes y el Señor de señores».

Recuérdale a tu cónyuge esta preciosa verdad. En los días oscuros y las frías noches, no permitas que olvide la riqueza espiritual de la que disfruta. Estas son las palabras más preciosas que podrías pronunciar jamás.

Valorar el valorar

- Para tener un matrimonio que valora, necesitamos ser intencionales respecto a la forma en que nos hablamos el uno al otro, no solo el contenido, sino también el tono.

- Para valorar a nuestro cónyuge con palabras se requiere que mantengamos nuestra curiosidad. Deberíamos pedirle más información, no ignorar lo que están diciendo ni intentar aislarles.

- Cuando corregimos a nuestro cónyuge, necesitamos encontrar una forma de seguir haciéndolo en medio de la corrección. Tal vez tengamos que preguntarles cuál es la mejor manera de hacerlo.

- Las palabras de valoración son específicas, deliberadas y dulces.

- Una de las mejores formas de valorar verbalmente a nuestro cónyuge es hablarles el evangelio, recordarles con regularidad la aceptación y la afirmación de Dios.

Preguntas para el debate y la reflexión

1. Intenta recordar tus cinco o seis últimas conversaciones matrimoniales, en persona o por teléfono. ¿Valoraste o aislaste a tu cónyuge con tu tono? Después de pensar en ello, pregúntale a tu cónyuge cuáles son sus recuerdos..

2. ¿Cuando es la última vez que le pediste más información a tu cónyuge cuando compartiste algo importante con él/ella.

3. ¿Hay algún ámbito en tu matrimonio donde necesites aprender cómo decir: «Por aquí, cari»? Pregúntale a tu cónyuge si cree que están teniendo conversaciones con regularidad que parecen crear distancia entre ambos, y debatir cómo pueden aprender a comunicarse de un modo que cree sensaciones de ser valorados.

4. Piensa en tres cosas específicas que valores en tu cónyuge. ¡Dile cuáles son! Si están en el entorno de un grupo, que otros te oigan hablar de lo excelente y maravilloso que es tu cónyuge en realidad.

5. Descubre unas cuantas formas creativas de recordarle a tu cónyuge: «Oye, Dios está loco por ti. ¿Y sabes que tu Padre celestial se deleita en ti, no?».

6. En una futura cita nocturna o una mañana juntos, lean Romanos 3.21–26; otra noche, lean todo Romanos 5. A continuación, consideren usar Romanos 8.1–4 y Efesios 1.3–14. Intenten usar deliberadamente las Escrituras para alimentar sus conversaciones.

CAPÍTULO 9

Valora a tu cónyuge único

Valorar tiene que ver con tratar a nuestro cónyuge como a un individuo único

Tras una de las famosas tormentas de Texas, Lisa y yo estacionamos en el aparcamiento de una residencia de ancianos, cada uno de nosotros en su propio auto. Teníamos que ir a distintos lugares después de visitar a nuestro amigo de noventa y ocho años.

El aparcamiento estaba anegado por la parte externa, pero todos los demás espacios estaban ocupados, así que allí fue donde Lisa aparcó. Cuando salimos tras nuestra visita, uno de los trabajadores había conducido a una persona de avanzada edad hacia la acera. Se encontraba cerca de donde Lisa había detenido su auto, que estaba rodeado de agua. Le pedí las llaves, salté dentro del auto y, lentamente, fui sacando el auto marcha atrás para que ella no tuviera que meterse en el charco hasta conseguir entrar en él, por un espacio tan ajustado con otros coches, una silla de ruedas y soportes de oxígeno bloqueando el camino.

Esto era algo que se esperaba en nuestro matrimonio. Cuando extendí mi mano, Lisa me entregó las llaves instintivamente, sin preguntar siquiera qué estaba haciendo. Ni siquiera hablamos de ello. Sencillamente es como lo hacemos. En una situación así, yo moveré el auto, porque así Lisa siente que me importa y que la amo. Sin embargo, en otros matrimonios, lo que yo hice podría tratarse con resentimiento. Puedo imaginarme al futuro marido de Danica Patrick, piloto del NASCAR, ofreciéndole sacar su auto de una plaza de aparcamiento estrecha y a ella ofendida respondiéndole: «Ni lo sueñes. Por cierto, ¡te echo una carrera hasta casa!».

No conozco a tu cónyuge, pero sé que es muy distinto de la mía. Todos lo son.

Cuando leía un maravilloso libro sobre el matrimonio, me tropecé con un consejo espectacular que sería perjudicial para uno de los matrimonios con los que he trabajado. Este autor sugería: «He aprendido que el gesto más romántico que puedo tener con Christi es, sencillamente, preguntarle cómo le ha ido el día, cómo se siente y qué ocurre en su corazón y su mente».

Creo que este autor tiene toda la razón... para la inmensa mayoría de los matrimonios. Sin embargo, fui invitado a las vidas de una pareja sumamente implicada en el ministerio, y que no encajan en el estereotipo de maridos y esposas. El deseo más ferviente del esposo de una relación profunda creó, en realidad, un reto en su matrimonio en lugar de ser un punto fuerte.

Por lo general —es decir, de forma estereotipada— la esposa quiere que el marido «evolucione» más en cuanto a la relación. Este hombre era así: amaba esforzarse para obtener una mayor intimidad relacional y una conversación más profunda. Sin embargo, por toda una diversidad de razones, su esposa se sentía incómoda con los «debates relacionales». No le gustaba explorar sus sentimientos ni estaba tan en contacto con ellos, y cuando su esposo intentaba mantener esas conversaciones, ella se sentía insegura. Su familia de origen nunca hablaba de esta forma. En su papel de esposa, sabía que se esperaba que a ella esto se le diera «mejor» que a su marido y esto solo le producía vergüenza. Aunque útil para la inmensa mayoría de los maridos, lo que este autor sugiere se consideraría una *amenaza* en el matrimonio de esta mujer y no un acto de amor.

De verdad.

Si este marido le preguntara a su esposa: «¿Cómo te sientes? ¿Qué pasa por tu corazón y tu mente?», puedo decirte ahora mismo cuál será la expresión de la cara de ella y cómo le gustaría poder esconderse, aunque sabe que no debería hacerlo; esto hará que se sienta avergonzada, por tanto un poco enfadada (quizás con razón) porque su esposo la estuviera poniendo en esta situación, cuando sabe mejor que nadie que esto la pondría a la defensiva y todo acabaría en un patrón predecible que *nadie* describiría como «romántico».

Aun así, es un consejo espectacular... para la *mayoría* de las parejas, no solo para *esta*.

Valorarse el uno al otro requiere tratar con un cónyuge real y particular, y esto se ve alimentado por su unicidad. Si los diamantes de dos quilates fueran tan comunes como la arena del mar, ninguno de ellos sería valorado. Sin embargo, que algo sea diferente lo convierte en precioso. Por ello lo valoramos: es único en su especie. Tu cónyuge es único/a, especial, y para que se sienta valorado/a es necesario que *se le trate como tal*.

Cuando lees libros y blogs de escritores matrimoniales como yo, no olvides nunca que lo más importante es *tu* matrimonio y *tu* cónyuge. En lo que respecta a las cuestiones maritales como la relación íntima —incluida la sexualidad, pero también la conversación, ciertos aspectos de los diversos roles y las actividades preferidas—, son tan personales y a menudo tan profundamente grabadas en nuestra alma, desde mucho antes de convertirnos en marido y mujer, que tenemos que empezar a construir nuestro matrimonio sobre una «hoja en blanco».

Si valoras lo que crees que tu esposa *debería* ser y no lo que ella es en realidad, estarás perjudicando la relación. Si valoras a tu marido como les gustaría ser valorados a la mayoría de ellos, te vas a estampar contra un muro si tu esposo no es un marido «típico».

Tu esposo es quien es; tu mujer es quien es. Descubre quién es esa persona y valórala como ella desea ser valorada.

Cama única

Un hombre llegó al matrimonio con bastante experiencia sexual previa, pero no con su mujer. Después de tener un encuentro con Jesús, él y su futura esposa decidieron seguir un plan distinto para su relación, de modo que aguardaron hasta la noche de boda antes de dormir juntos. Después se enfrentaron a años de frustración, sencillamente porque ella no disfrutaba con lo que ocurría en el dormitorio. Su marido pensaba que todo era culpa de ella, ya que él había complacido a «muchas mujeres», antes de casarse. Las cosas se pusieron tan mal que finalmente decidieron buscar a un consejero. El marido opinaba que su esposa debía de tener algún «problema». Cuando ella protestó alegando que no disfrutaba de lo que él hacía, él espetó: «¡Pero a las mujeres les *gusta* eso!».

El consejero reaccionó, diciendo: «No a *esta* mujer, y ella es la única que importa».

La experiencia sexual previa del marido le había dificultado, en realidad, el valorar a una sola mujer. Hacía suposiciones sobre las mujeres en general que le cegaron a la realidad de su esposa en particular. *Valorar tiene que ver con lo particular.* Aprendes a valorar a tu cónyuge estudiándolo/a, escuchándolo/a y descubriendo quién es, lo que le/la motiva, lo que le complace, lo que le/la hiere, lo que le/la asusta, lo que le/la llena y lo que le/la hace reír.

Un matrimonio que valora está construido en una comprensión íntima y no en suposiciones estereotipadas. No apliques un consejo espectacular que funciona para el noventa por ciento de los matrimonios si no vale para el tuyo, porque si no es beneficioso para tu caso, es un consejo espectacularmente *malo.*

¡Buuuu!

Ann Wilson se casó con un hombre famoso. Dave era un mariscal de campo del Salón de la Fama Universitario, favorito número uno, fichado por los New Orleans Saints, en su selección suplementaria para la Liga Nacional de Fútbol.

Tal vez recuerdes que hablé en un capítulo anterior sobre cómo tantos cónyuges se sienten desalentados/as y hechos/as polvo cuando llegan al matrimonio, y dan expresión a las inmensas legiones de los que nunca tuvimos la sensación de dar verdaderamente la talla.

Dave no es así. Procede de una clase de familia en la que se convirtió en la niña de los ojos de su madre, en el centro de su atención y destacó en la escuela secundaria. No solo era mariscal de campo, sino que jugaba de base en baloncesto y de *shortstop* (o parador en corto) en béisbol; todas las posiciones de mayor glamur. Más aún, era vocalista y guitarrista de un conjunto de *rock*, por no mencionar que era el rey de la graduación y la cita más buscada del campus.

Hoy es el pastor principal de la Kensington Community Church, una iglesia multicampus nacional que acoge a catorce mil asistentes cada fin de semana. Además, es uno de los tipos más agradables que he conocido jamás. Cuando un hombre tiene tanto éxito, es como si tu lado oscuro quisiera sentir antipatía hacia él; sin embargo, en Dave hay algo tan atrayente e infeccioso que tendrías que poseer un alma desmesuradamente ensimismada e insegura para no disfrutar estando cerca de él. Si alguien va a tener éxito a ese nivel, él es el más indicado.

Cuando Dave se casó, estaba acostumbrado a ser aplaudido: por su madre, por los entrenadores, por las animadoras, por las personas de su iglesia. Ya fuera en los deportes, en la música o incluso en la adoración, era «el hombre». Cuando Ann accedió a contraer matrimonio con él, fue un «logro» más para Dave. Una mujer hermosa, alegre y espiritualmente viva había consentido pasar su vida con él; lo sentía como su mejor «victoria» hasta el momento (pero él no lo consideraba personalmente de una forma tan torpe).

Y este era el reto para Ann: cásate con un marido superestrella y hasta una superestrella empieza a verse «normal» después de un tiempo. Ann consideró todo lo que Dave aportó a la relación y pensó: *Es lo que se supone que deben hacer y ser los hombres.* Pero muy pocos son tan completos, seguros de sí mismos, exitosos y económicamente acomodados.

Fue durante un evento conjunto de oratoria cuando Ann comprendió, por fin, algo que había estado hiriendo a Dave durante largo tiempo. Le pidió que explicara algo a las esposas y a él le vino una imagen espontánea a la mente.

«En ocasiones», empezó él a decir, «es como si me hubieran aplaudido durante toda mi vida: mi madre, mis entrenadores, mis compañeros estudiantes, las animadoras, las personas que vienen a la iglesia, los que solían escuchar mi música, pero después llegaba a mi casa y escuchaba (Dave hizo aquí una pausa, ahuecó las manos alrededor de la boca, como haría un aficionado alterado durante un partido de fútbol, y gritó) "¡Buuu, buuu, buuu!"».

Dave no entendía cómo podía agradarle a tantas personas y, sin embargo, decepcionar de un modo tan profundo a una esposa. Ann quedó perpleja cuando escuchó esta ilustración; se sintió fatal. Entendió que había dejado que Dave estableciera el listón de las expectativas tan alto que ella no apreció por completo que él fuera bastante especial. Para valorar a Dave, tuvo que descifrar cómo confirmar a un hombre sumamente exitoso.

Dave te diría que, desde ese momento, todo cambió en su matrimonio. La forma en que Ann le hablaba, las palabras que escogía, las cosas en las que se fijaba y señalaba. Mientras que algunas mujeres tienen que levantar a sus maridos abatidos, Ann, en un sentido, tuvo que competir con un mundo confirmante que ya ha levantado a su marido.

Dave me comentó que, desde ese día, Ann pone empeño en apreciarle. «No pasa una semana sin que Ann me diga que soy un buen proveedor, me dé las gracias por dirigir a la familia en lo espiritual y por hacer de mi relación con Jesús una prioridad».

Ann añade: «La razón por la que no lo hice antes es que creía que es lo que se *supone* que un hombre debe hacer, así que por qué debería darle las gracias por ello o destacarlo? Pero entonces entendí que no todos los hombres son así. Dave es realmente especial».

Con varios hijos casados, Ann ha visto de primera mano que «es increíble el poder que una mujer tiene sobre su marido».

Podrías estar casado/a con el hombre o la mujer de más éxito sobre la tierra, pero si te oyen gritarles «¡buuu!», en su alma siempre habrá dolor.

¿Cuál es el pasado de ese cónyuge único tuyo? ¿Estás compitiendo con sus éxitos, alentándolo/a a superar sus pasados fracasos, ayudándolo/a a crecer en sus logros o intentando asegurarle que su valía no está vinculada a lo que hace? Todas estas son metas contra las que compites; tu cónyuge tiene una historia única, así que valóralo/a tratándolo/la según su realidad: *está viviendo una vida que no había vivido nunca antes.* Tiene una personalidad que jamás existió antes. Son una mezcla única de puntos fuertes y debilidades, tentaciones y talentos, y tienen un llamado que se hace una sola vez en el universo.

Tu papel consiste en ayudarle/a a completar su historia única.

Reconoce que no sabes cómo valorar a tu cónyuge

Dado que tu cónyuge es especial, la nueva actitud de valorarlo/a debe basarse en el humilde aprendizaje y el estudio empático, y no en intentar «suponer e impresionar». Aparta un tiempo para preguntarle a tu cónyuge: «¿Qué hace que te sientas valorado/a?

Dime las tres veces en que te has sentido más valorado por mí. ¿En alguna ocasión has sentido que intentaba valorarte, pero me equivoqué en mis suposiciones?».

Al principio de nuestro matrimonio, Lisa inició un diario titulado «Gary». Escribía las cosas que observaba en mí: lo que me gustaba, lo que me irritaba, las pequeñas cosas que mencionaba. Intentaba estudiarme de un modo similar a tomar apuntes en una conferencia de la universidad. Desconozco la mayoría de las anotaciones que hizo en su diario y si sigue en activo, pero el hecho de que sintiera la necesidad de estudiarme revela la profundidad de su corazón que busca valorarme.

Sé humilde en esto. Independientemente de lo alto que sea tu EQ relacional, puedes no saber cómo valorar a tu cónyuge sin su ayuda, porque cada alma es un país único que —tristemente— suele quedar inexplorado. Muchos maridos y mujeres se divorcian de cónyuges a los que, en realidad, no conocen. Creen que sí, pero no se han tomado nunca verdaderamente el tiempo de admitir que no saben cómo valorar a su cónyuge. Por tanto, intentaron apreciar basándose en su propia comprensión, su fallo fue rotundo y, después, le echaron la culpa al cónyuge por no sentirse valorado: «Es que no se le puede complacer de ninguna manera».

Si empiezas con la suposición de que no sabes cómo valorar a tu cónyuge, llegarás mucho más lejos y acabarás destacando en tu forma de valorarlo. Además, dedicarte a tu cónyuge de este modo le añade interés al matrimonio. Ataca al aburrimiento.

Incluso después de treinta y un años de matrimonio, sé que me queda mucho por descubrir sobre Lisa. ¿Por qué? Porque ahora es suegra. Eso cambia mucho a una mujer. Ahora su nido está vacío. Esto también influye en una mujer. Como cambia la vida, ella también lo hace. Siempre hay una nueva persona a la que conocer, una nueva persona que se puede aprender a valorar.

Pega fotografías

Una herramienta práctica que uso para cultivar el valorar a mi esposa única es guardar una foto favorita de Lisa en mi vestidor. Me visto allí todas las mañanas y veo una fotografía de Lisa que, por la razón que sea, me llena de deleite hacia ella. Capta su luz, su belleza, su personalidad; me recuerda cómo valorarla.

Así que quiero contemplarla cuando empiezo cada día.

Todos los casados harían bien en tener una foto favorita, una de esas que hacen derretir tu corazón. No pasa nada si es de hace veinte años. Lo único que importa es que provoque sentimientos de valoración hacia tu cónyuge.

La pornografía se basa y se alimenta por la necesidad constante de ver algo *nuevo*. Funciona neurológicamente para crear una demanda obsesiva de algo que nunca antes has visto. La promesa de algo nuevo es lo que te entusiasma y te interesa, y esto significa, por definición, que nunca podrás quedar satisfecho por completo.

Esto es lo opuesto a valorar. La pornografía funciona por el volumen, no por la individualidad, por la novedad, no por lo conocido. Aprender a valorar la imagen individual del cónyuge único moldea nuestro corazón y nuestra mente para valorar a un individuo en particular por encima de todos los demás. Me asombra ver cómo esa foto favorita de mi esposa no se pone nunca vieja ni se estropea, no me provoca ganas de hacer un *clic* para ver qué viene después. Tal vez porque está conectada a una persona y a una relación reales. No soy neurocientífico ni psicólogo, de modo que ¿qué puedo saber? Solo que una foto ligeramente insinuante de mi esposa puede resultar inmensamente más satisfactoria y duradera que cualquier cosa mucho más explícita con una extraña.

Escarba y saca un par de fotos antiguas o pega una en el fondo de pantalla de tu computadora o de tu teléfono móvil. Si tu cónyuge no tiene una foto, hazle una como regalo del próximo aniversario o del día de San Valentín.

Repasa los malentendidos

Trae a tu mente algún asunto persistente en tu matrimonio que haya resultado en una frustración prolongada. ¿Has estado haciendo suposiciones sobre cómo *debería* sentirse, comportarse, funcionar tu cónyuge según el estereotipo popular? Empezarás a valorarle cuando lo trates como el individuo único que es.

Para algunos de ustedes (aunque, una vez más, ¡¡no todos!!), lo mejor que pueden hacer es empezar de nuevo y dar por sentado que tu marido o tu esposa no es como la mayoría de los hombres o las mujeres. Llega a conocerlo/a de nuevo, escuchar lo que le/la reafirma, le/la asusta o le/la frustra, y empieza a relacionarte con esa persona, aquella con la que estás casado/a. Al final, es la única que importa. Tal vez algunos de ustedes podrían incluso iniciar un diario del cónyuge, como hizo mi esposa, tomando notas e intentando descubrir a tu marido/mujer.

Megan Cox, una amiga mía, sintió derretirse su corazón cuando su esposo, David, le dijo al principio de su matrimonio: «No me importa lo que a otras mujeres les guste, Megan. Solo me preocupa lo que te gusta *a ti*». En palabras de Megan: «Esto me abrió los ojos para ver lo bien que me ama. *Me* aceptó y me sentí profundamente valorada por primera vez en mi vida».

Señores, debería resultar fácil ver cómo esto hace que la esposa se sienta valorada. Lo primero que le dice, en un sentido, es que ella es la única mujer que nos importa, nuestra Eva, la única mujer en el mundo. Como escribe Salomón: «Mas una es la paloma mía, la perfecta mía» (Cantares 6.9, RVR1960).

En segundo lugar, tratar a tu esposa de este modo le dice que amas su individualidad: amas aquello que la hace diferente y única. Amas lo que hace que sea *ella*. No tiene por qué parecer una modelo de trajes de baño ni tener la energía de un candidato presidencial, el conocimiento de los negocios de Oprah o el intelecto de un catedrático de universidad.

Solo tiene que ser ella misma.

VALORAR EL VALORAR

- Tu cónyuge es un individuo único. No le/la trates como a un estereotipo.

- Lo que es un buen consejo para otras parejas puede ser muy malo para ti.

- No deberías juzgar la forma en que nuestro cónyuge se relacione y procese las emociones, los temores y los sueños; solo tenemos que entenderlo. Con esto no quiero decir que existan formas saludables o poco saludables de relacionarse, sino que aprender a valorar a nuestro cónyuge es algo que debe empezar comprendiendo e identificándote con quién él o ella es de verdad.

- En cualquier ámbito del matrimonio, si tratas a tu cónyuge según un estereotipo o de una forma que funcionó con anteriores novios o novias, pero no con él/ella, eso no significa que el problema lo tenga tu cónyuge. Solo quiere decir que necesitas volver a aprender a relacionarte con esa mujer o ese hombre particular con el que te has casado.

- Todo cónyuge llega al matrimonio con una historia única; valorar al tuyo significa que tienes que aprender y comprender su historia.

- Para valorar por completo a tu cónyuge tienes que admitir con humildad que todavía no sabes todo lo necesario sobre cómo valorarle/a.

- Las fotografías favoritas pueden sustentar nuestro afecto y entrenar nuestro corazón para mantener el enfoque en nuestro cónyuge único y especial.

PREGUNTAS PARA EL DEBATE Y LA REFLEXIÓN

1. ¿En qué te diferencias de la mayoría de los hombres (si eres hombre) o de las mujeres (si eres mujer)? ¿Crees que tu cónyuge es consciente de esto?

2. ¿En qué se diferencia tu cónyuge de las personas «normales» de su género? ¿Cuánto tiempo te ha llevado entender esto?

3. Hasta aquí, Gary ha hablado de cónyuges que llegaron al matrimonio sintiéndose emocionalmente abatidos, y en este capítulo nos presenta a alguien bastante famoso y seguro de sí mismo. ¿Cuáles son algunos de los demás trasfondos e historias que pueden moldear a un cónyuge?

4. ¿De qué forma te puede ayudar el entender la unicidad de tu cónyuge a valorarlo más en lugar de juzgarlo?

5. Pídele a tu cónyuge que te diga una cosa sobre él/ella que todavía no sepas, algo que le haga sentir especial, reafirmado/a, valorado/a. A continuación, pregúntale si hay algo en tu forma de actuar que le/la hace sentir menos que especial, reafirmado/a o valorado/a.

6. Escoge una fotografía favorita y pégala en un lugar destacado.

7. Dado todo lo que sabes y has aprendido, escribe una receta de cómo valorar mejor a tu cónyuge particular.

CAPÍTULO 10

Así es como falla tu cónyuge

Valorar significa ser paciente con los pecados de tu cónyuge

L a mayoría de los propietarios de un iPhone están encantados con él, pero, un año después, el problema de los teléfonos inteligentes es que la batería se va debilitando. Durante los primeros seis meses es glorioso: lo enchufas por la noche y ni siquiera piensas en los niveles de potencia hasta la noche siguiente. Sin embargo, en torno a los nueve meses después, empiezas a ponerte nervioso a mitad de la tarde y a asegurarte de recargarlo para que aguante todo el resto del día.

Transcurrido un año, conectas tu teléfono a la red al mediodía y, después, una hora antes de abandonar la oficina, porque la batería es cada vez más débil. Al final, lo dejas enchufado cada vez que tienes la ocasión.

Tristemente, este proceso no se revierte jamás. Una vez la batería empieza a agotarse, se va consumiendo a mayor velocidad hasta que finalmente se alcanza el plazo típico de los dos años para conseguir un flamante teléfono nuevo.

Este mismo principio se aplica en muchos matrimonios. La pasión es tan intensa cuando la relación está en sus comienzos que parece recargarse sola, incluso cuando ambos cónyuges están separados. No requiere un cuidado especial. No necesita estar conectada. Parece facilitar su propia pasión. Valorar al cónyuge es algo que parece generarse por sí mismo, como si fuera una máquina de «emoción perpetua». Pero tarde o temprano, la pasión empieza a agotarse. Así empieza la decadencia que, lamentablemente, a veces no tiene vuelta atrás hasta que la pareja tira la toalla, se cambian por otra persona y consiguen a un nuevo cónyuge al que valorar.

La razón por la que nuestras relaciones tienden a consumirse, espiritualmente hablando, es nuestra naturaleza caída: las pequeñas faltas de amabilidad, nuestro egoísmo natural, nuestra impaciencia, nuestras adicciones de bajo grado —o incluso completas— cosas que denominamos pecados. Esos pequeños ataques espirituales diarios van endureciendo poco a poco el corazón blando que valora a nuestro cónyuge. Si crees lo que dice la Biblia, toda persona cae de muchas formas y en muchas ocasiones, y esto significa que cada casado/a que se empeñe en valorar a su cónyuge tiene que confrontar una importante verdad espiritual: «Todos fallamos mucho» (Santiago 3.2).

Si permitimos que los tropiezos de nuestro cónyuge repercutan en lo mucho que lo/la valoramos, nadie puede mantener la actitud de aprecio.

Hasta aquellos de nosotros que tenemos cónyuges inusualmente fáciles de valorar podemos caer presa de esto. En una ocasión, uno de los problemas más comunes de Lisa afloró y yo, por un momento, sentí lástima de mí mismo (mostrando así mi estupidez), hasta que Dios detuvo mis pensamientos con la fuerza de un árbitro que tocó su silbato en mi cara:

Así es como falla tu cónyuge.

Lisa tropieza muchísimo menos que el cónyuge promedio —de eso estoy seguro— y yo he enseñado y escrito sobre Santiago 3.2 («todos fallamos mucho») miles de veces. Pero, después de dos décadas en el ministerio matrimonial y tres décadas de matrimonio, sigo sintiéndome momentáneamente resentido por no tener la esposa cien por cien perfecta, aunque su excelencia supera la mía.

Algunos de ustedes agotan a sus amigos y hasta ponen a prueba la paciencia de Dios contando lo mismo una y otra vez: «¿Por qué tiene que fallar así mi cónyuge?». Tus amistades harían bien en responder —y si escucharas, es muy probable que oyeras decir a Dios— «Si él [ella] no fallara así, tropezarían *así*».

Si quieres construir un matrimonio en el que ambos sigan valorándose el uno al otro, tienes que superar el obstáculo de esperar que tu cónyuge sea perfecto. Nadie sugeriría, intelectualmente, que estas fueran nuestras expectativas; todos diríamos: «Por supuesto que mi cónyuge falla», ¿pero acaso no nos molesta la forma *particular* en que él/ella lo hace, pensando como mínimo para nosotros mismos: «¿No sería mejor que fallara de un modo distinto?»?

¿No pensamos: *Podría valorarle si no hiciera esto, lo otro o aquello?*

Para valorarnos el uno al otro, resulta que debemos ser buenos perdonadores, personas ansiosas de mostrar misericordia como se ha tenido con nosotros. El objetivo de un matrimonio que valora consiste en conocerse el uno al otro tan bien que seamos conscientes de los oscuros rincones y los eslabones débiles de la personalidad de cada uno y, aun así, valorar, respetar, adorar y avanzar el uno hacia el otro.

La próxima vez que te quejes de tu cónyuge, recuerda tan solo estas seis palabras —«así es como falla tu cónyuge»— y *supéralo*. (No me estoy refiriendo, por supuesto, al maltrato ni a la conducta francamente destructiva). El matrimonio es el arte de aprender cómo falla tu cónyuge y valorarle a través de ello. Sí, el amor puede significar ayudarle/a a tratar con sus problemas —o incluso a vencer ciertos asuntos—, pero nunca llegues al punto de esperar que tu cónyuge no falle jamás. De no ser así, no le/la valorarás y te molestará.

El otro lado de la santidad

Tu capacidad de valorar a tu cónyuge cuando falle es, de hecho, el barómetro directo de tu madurez espiritual. Si consideras la enseñanza bíblica, la mitad de la santidad se centra en torno a ser paciente con los pecados de los demás, en la misma medida que implica que nos ocupemos de —o evitemos— nuestros propios pecados.

Lee lentamente estas llamadas a la santidad, abriendo tu mente a una nueva perspectiva:

- «Vivan (anden) de una manera digna de la vocación con que han sido llamados. Que vivan con toda humildad y mansedumbre, con paciencia, soportándose unos a otros en amor, esforzándose por preservar la unidad del Espíritu en el vínculo de la paz (Efesios 4.1–3, NBLH).

- «Sean pacientes con todos» (1 Tesalonicenses 5.14).
- «Como escogidos de Dios, santos y amados, revístanse de afecto entrañable y de bondad, humildad, amabilidad y paciencia, de modo que se toleren unos a otros y se perdonen» (Colosenses 3.12, 13).

Estos pasajes vinculan la santidad casi de forma exclusiva con la forma de tratar a otros que lo están echando todo a perder o en necesidad: respondemos con compasión, amabilidad, humildad (no creyéndonos mejor), bondad y paciencia, soportándose (¡es decir, tolerando!) y perdonándose el uno al otro. No se conoce a la persona santa por lo que hace o por lo que no ve, evitando unas cuantas palabras prohibidas ni asistiendo con frecuencia a reuniones religiosas, sino por cómo trata a los demás pecadores. *Nuestra santidad experiencial se define en gran parte por nuestra capacidad de soportar con gracia la falta de santidad en los demás.*

Sabes que eres una persona espiritualmente fuerte cuando puedes vivir con gozo y gracia cerca de personas que no lo son.

La Biblia no pretende en ningún momento que las comunidades o los matrimonios cristianos sean exitosas, porque sus miembros sean casi perfectos. No, las relaciones solo tienen éxito cuando aplicamos la gracia a las imperfecciones de otro. Considera lo hermoso que sería vivir la verdad de Efesios 4.1–3, que expone el fundamento bíblico de valorarse uno a otro:

- *Humildad.* Nunca te consideras mejor que tu cónyuge. No le/la miras por encima del hombro.
- *Ternura.* No respondes con aspereza al pecado de tu cónyuge. Vigilas tu tono, tu actitud, tu contacto. Le/la

tratas como si pudieras herirle/la fácilmente, de manera que eres amable y atento frente a sus imperfecciones.

- *Paciencia*. No esperas que tu cónyuge sea perfecto. No estás al acecho para ver si falla y abalanzarte cuando lo haga. No preparas un sermón con antelación y después lo sueltas cuando tu cónyuge falla inevitablemente. En su lugar, respiras hondo, hablas con tono comprensivo, recuerda aquello en lo que tú tampoco das la talla y espera que madure.
- *Tolerancia*—capacidad de tratar con una persona difícil sin enojarse. Dominas el arte de tratar con las peores partes de la personalidad de tu cónyuge de la mejor forma posible. Averiguas cómo no permitir que su pecado suscite lo peor en ti, sino más bien cómo clamar al Espíritu de Dios para poder responder de la mejor forma posible. No impones plazos límites para el cambio, y no recuerdas nunca los fallos pasados de tu cónyuge. Dejas a un lado tu resentimiento y tu frustración.

Existe otra forma de considerarlo: si la actitud de Dios hacia ti, en tu pecado, reflejara con exactitud la tuya hacia tu cónyuge en el suyo, ¿en qué punto estarías con Dios?

Si crees ser un cristiano más fuerte y más maduro que tu cónyuge, una cosa sé: te comparas a tu cónyuge y no a Cristo. En ningún lugar de la Biblia se te insta a establecer una comparación entre tú y tu cónyuge.

Deja de cotejar tu madurez espiritual con la de tu cónyuge; más bien empieza a compararla con Efesios 4.1–3. Si lo haces, cambiarás el clima de tu matrimonio. Cuando tu cónyuge falle, responderás con ternura, paciencia, amabilidad, humildad y perdón tolerante; esta respuesta te permitirá seguir valorando a un cónyuge que tropieza de muchas maneras.

La recuperación implica recaída

«Gary», preguntó la esposa de unos cuarenta y tantos años, «si un marido ve porno, ¿es ofensivo, verdad? Y no importa durante cuánto tiempo lo haya hecho, ¿no es así? Esto no hace que esté bien».

Su énfasis me indicaba lo que estaba sucediendo. Su marido tenía «un pasado». Tras un largo periodo de recuperación, había recaído, y probablemente ambos habrían mantenido una conversación parecida a esta:

—No puedo creer que lo hayas vuelto a hacer. ¡Eres tan débil!

—Cariño, lo he intentado con todas mis fuerzas. Habían pasado tres meses.

—¡Eso no importa! ¡Está mal independientemente del tiempo que haya sido!

Lo que la esposa decía es técnicamente cierto. Si algo está mal, no importa que lo hagas cada tres meses o cada tres días. Sigue estando mal.

En conversaciones mantenidas con amigos que han estudiado la adicción, me ha sorprendido enterarme de que una vez establecido un patrón adictivo, los surcos neurológicos son bastante más permanentes. Por esta razón tienen que permanecer centrados los alcohólicos. Si eres indolente al respecto y aparecen los mismos viejos detonantes —y no estás preparado—, tu cerebro está ahora predispuesto a tirar la toalla. El surco está hecho. Puedes haber disfrutado de libertad durante diez años, pero sigues siendo más vulnerable que alguien que no tiene un patrón neurológico de adicto.

Tal como lo explican los expertos, la recuperación implica con frecuencia recaída. De hecho, uno de los libros más destacados sobre un tipo particular de adicción considera la recuperación como un *proceso de cinco años*. Si un cónyuge no entiende esto, en lugar de celebrar que su marido ha triunfado sobre algo que solía hacerle tropezar casi a diario, acaba quitándole importancia a sus noventa días de libertad —que no son insignificantes— y usando este episodio de fallo tan solo como un punto de ataque más. No, no puede (ni debería) «celebrar» su caída, ¿pero cuál de estas respuestas tiene más probabilidades de conducir a un cambio redentor?

- «Cariño, lo siento. Lo has hecho tan bien y estoy orgullosa de lo mucho que te has esforzado y el tiempo en que lo has logrado. Hablemos de lo que ha ocurrido esta vez».
- «¿Otra vez? ¿Después de prometerme que no lo harías? ¡Ya sabía que no podría confiar nunca en ti!».

No resulta fácil valorar a una persona que falla, pero valorar es una de las sendas más eficaces para ayudar a alguien a tropezar *menos*. Ese es el reto. Ahora bien, no estoy sugiriendo que el fallo sea adecuado para un adicto que lo niega, que no está rehabilitado y que no se está esforzando; pero si alguien está luchando, recibiendo ayuda y caminando en gracia y arrepentimiento, ser valorado los fortalecerá y mejorará las probabilidades de que anden incluso más tiempo en victoria y, en última instancia, encuentren más libertad.

Pero no de un modo perfecto. Tal vez *nunca* de una forma perfecta.

Suena a retroceso, pero cuanto más valoramos a un cónyuge imperfecto que camina en santificación progresiva, menos imperfecto acabará siendo.* Cuanto menos apreciamos a un cónyuge imperfecto, menos impacto tendremos en su posible cambio. Ningún cónyuge debería sentirse solo jamás en su viaje hacia la transformación.

Los cónyuges de verdad enferman. Se vuelven irritables. Tienen días malos. Si esto reajusta lo mucho que le/a apreciamos y valoramos, perderemos el corazón por ellos. No te casaste con una diosa con poderes sobrenaturales sobre las limitaciones humanas. No contrajiste matrimonio con un hombre que tiene la sabiduría de Salomón, la fuerza de Hércules y la bondad de Cristo, sino con un hombre o una mujer cuyo cuerpo puede quebrarse, que está afectado/a por el estrés, que llora cuando está herida, que suele quejarse cuando está enfermo y que falla de muchas maneras.

Acepta su humanidad. Recuérdate a ti mismo/a: así es como tropieza mi cónyuge.

Esta es la deliciosa ironía: si de verdad quieres un cónyuge mejor, aprende a valorar al esposo/a imperfecto/a que ya tienes, y con toda probabilidad se convertirá en ese cónyuge mejor.

---

* «Santificación progresiva» es la frase que usan los teólogos para describir cómo crecemos en santidad día a día. La santidad experiencial no se logra en una sola oración; se desarrolla a lo largo del tiempo. Por el contrario, la santidad posicional que describe cómo nos ve Dios, a la luz del sacrificio de Cristo a nuestro favor, es instantánea y no cambia.

Llaves perdidas

Déjame darte solo un ejemplo de una situación que resultó bien, una vez que aprendí a proteger la actitud de valorar a mi esposa en un momento de frustración.

Una mañana, no me desperté hasta las cinco de la mañana, algo extraño en mí. Eso también significaba que corría el peligro de enfrentarme a un tráfico muy denso desde el suburbio de Houston en el que vivía.

Realicé mi rutina de ducha y afeitado a toda prisa y, entonces, no pude encontrar mis llaves por ningún lugar. Comprobé dos y tres veces cada lugar posible, consciente de que cada minuto adicional que pasara en casa suponía otros dos o tres minutos en carretera. Podía *sentir* cómo se formaba la caravana en la I-10.

Después de recorrer nuestro dormitorio con la linterna de mi teléfono móvil por tercera vez, Lisa se desperezó.

—¿Qué ocurre? —preguntó.

—No encuentro las llaves de mi auto por ninguna parte.

—¡Lo siento! Están en mi bolso. Tuve que usar tu auto anoche. (Ella no había logrado encontrar sus llaves la noche anterior, y había utilizado mi auto).

Se levantó de la cama y ambos empezamos a buscar su bolso. Lisa había llegado tarde a casa, estaba cansada y su cerebro necesitaba un ratito hasta despertar, ¡así que incluso encontrar su *bolso* llevó algún tiempo!

Por fin lo hallamos y, por tanto, las llaves también.

—De verdad que lo siento —repetía Lisa una y otra vez. Ella sabía cómo era el tráfico, y cuánto me frustraba no salir temprano.

La besé con ternura, puse mi voz en modo suave y le dije:

—No te preocupes, cariño.

Sabía que Lisa no estaba intentando complicarme la vida. Gritarle o intentar explicar mi exasperación habría sido inútil. Ella ya sabía que yo estaba frustrado y conocía las consecuencias de lo que había sucedido; nada de ello fue deliberado por su parte. Esta es una de las cosas que, en mi opinión, hay que soltar sencillamente en el matrimonio. ¿De qué habría servido tomarla con ella, enojarme, gritar o hacerle saber lo frustrado que estaba?

Salí de casa bien pasadas las seis y me enfrenté a mi viaje diario de una hora para ir a mi trabajo. Me detuve en un Starbucks, adquirí un té y me dije a mí mismo que me pondría cómodo y escucharía la emisora de radio que había descargado. No me mortificaría. No tendría una conversación imaginaria de resolución de conflicto con Lisa. Me relajaría y me prepararía para el día.

Si le hubiera gritado a Lisa y hubiera salido de casa como un vendaval, habría pasado las horas siguientes de un humor de perros, incapaz de relajar, de disfrutar de mi té o de concentrarme en mi trabajo. Escoger las palabras y las actitudes correctas con las que valorar a mi esposa me bendijo probablemente más que a ella.

Estos sucesos comunes de la vida reajustan el clima en todo matrimonio. Si sabes en tu mente que tu cónyuge falla, ¿de qué sirve hacerle pagar por ello? ¿Acaso hará que tropiecen menos? ¿Te hará sentir más feliz? ¿Eliminará una sola consecuencia de lo sucedido o sencillamente añadirá a tu frustración y pesadumbre?

Lisa llamó unas horas más tarde para disculparse. Estábamos en un momento ocupado; ella anduvo ajetreada todo el día, y le dije que era comprensible que hubiera olvidado poner mis llaves de vuelta donde suelo dejarlas. Son cosas que ocurren.

Cuando surjan este tipo de frustraciones en la vida, acuérdate de que el arte de valorar a tu compañero/a te está recordando —sin amargura, pero con entendimiento espiritual— *así es como falla tu cónyuge*. Como escribió Salomón en una ocasión: «El buen juicio hace al hombre paciente; su gloria es pasar por alto la ofensa».

Considera la presencia subyacente al problema

Hay dos tertulias de radio que me gusta descargar y escuchar con regularidad. Sé que, a veces, a Lisa debe de resultarle tedioso escucharlas de fondo mientras me estoy duchando o cuando voy conduciendo (sobre todo cuando se trata de la deportiva), de modo que le pregunté una mañana:

—Oye, ¿te parece bien esto? No quiero hacer algo que te aburra con tanta frecuencia.

—Sí, por supuesto. Está bien —respondió Lisa—. Oírlo significa que estás en casa.

Lisa no elegiría estos programas, pero reconoce que el sonido marca la presencia de su esposo; por tanto, no le molesta.

Chicos, es posible que sus esposas los hagan llegar tarde, pero eso significa que están vivas y que forman parte de su vida. Esposas, sus maridos pueden olvidar levantar la tapa del váter, pero eso significa que se han despertado en la misma casa en la que tú has dormido.

Cuando de verdad valoras a alguien, buscas la *presencia* subyacente al *problema*. Si has aceptado que todo cónyuge falla de muchas maneras, entonces sabes que no es posible tener su presencia positiva sin la frustración o la decepción correspondientes. De modo que consideras la frustración como el marcador de la bendición: así es como el cónyuge al que valoras falla de vez en cuando. Como aquello que aprecias te aporta placer, el problema ocasional es un precio que estás dispuesto a pagar por estar con esa persona a la que valoras.

Otórgale a tu cónyuge el beneficio de la duda

Brian y Dyanna se casaron jóvenes y, en parte porque tuvieron un maestro de escuela dominical que les dijo que deberían orar seriamente respecto a si el control de la natalidad era bíblico, ella se quedó embarazada a los veintiún años.

Dyanna era una joven esposa con un vientre en expansión cuando ella y Brian paseaban por un centro comercial, durante una cita barata. En ese momento, Dyanna estaba embarazada de más de ocho meses. Una hermosa mujer joven y rubia, ágil y atlética, pasó junto a ellos y Brian comentó: «Diablos, olvidé lo bonita que eres cuando no estás encinta».

«Sí, ¡lo dijo!», recuerda Dyanna. «Y lo decía en serio».

Dyanna empezó a sollozar sin poderse controlar, pero Brian no tenía ni idea del porqué.

Y aquí entra en juego la gentileza del carácter de Dyanna, que ayuda a explicar por qué llevan veinticinco años felizmente casados: «El corazón de Brian no albergaba malicia alguna. En realidad creía que le estaba haciendo un cumplido. En realidad, lo tomé absolutamente por sorpresa cuando empecé a llorar de ese modo incontrolable. Él ni siquiera sabía qué iba mal.

«Valoré a Brian conociendo su carácter, lo que me permitió recuperarme con rapidez y reírme de esto durante los años siguientes. Él pensaba que me estaba apreciando al compararme con una chica hermosa que le recordaba a mí, ocho meses antes. Sus palabras se mezclaron y las expresó mal.

»Una joven esposa puede no tener la capacidad de entender los pensamientos de un joven marido; ¡todo es tan nuevo! Pero puede valorarle otorgándole el beneficio de la duda. ¿Habría dicho Brian algo así para ser deliberadamente cruel e hiriente? En modo alguno. Intentaba echarme un piropo. Me llevó cinco minutos entenderlo, pero ahora es un recuerdo divertido y no uno amargo».

Cuando alguien promete ser tu cónyuge, con ese compromiso basta para otorgarle el beneficio de la duda. Aun cuando las cosas puedan no pintar bien, procura entender antes de pensar siquiera en la censura. Valorar a tu cónyuge no significa vivir en Fantasilandia, sino concederle ese margen de duda en vez de saltar de inmediato a la acusación. Mostrar un apoyo inicial es una forma de honrarle/a y valorarle/a hasta dilucidar qué ocurrió en realidad.

Cuando tengas que enfrentarte a tu cónyuge, empieza con una pregunta abierta; no prepares un discurso. «Cuéntame lo que ocurrió desde tu perspectiva» es un principio mucho mejor que «¿cómo has podido hacer algo así?». El acercamiento «pregunta primero» inicia una conversación potencialmente redentora en lugar de una pelea.

Mantener una conversación imaginaria antes de hablar con tu cónyuge tampoco ayuda. Supone que lo único que hace falta es que tu cónyuge escuche lo que tú piensas y no presupone la necesidad de que tú escuches lo que él o ella estuvieran pensando.

No puedo expresarlo con más contundencia: *inicia estas conversaciones con preguntas que procuran entender y no con acusaciones que buscan someter.* Lo primero engendra valoración; lo segundo alimenta la distancia emocional.

Esto es verdad, cónyuges, hasta cuando están casados/as con alguien que se está recuperando. Es posible, y tal vez incluso natural, que se acuse de inmediato a un adicto cuando algo sucede y, en apariencia, se diría que se trata de un patrón previo que se vuelve a repetir. Oblíguense a hacer una pausa lo bastante larga como para orar en silencio. Si su cónyuge está arrepentido/a y está siendo acusado/a falsamente, tu confianza en él/ella podría ser muy curativa e incluso *un momento que dé significado a la vida.* No tienes ni idea de lo que significa que tu esposo te respalde cuando todos dudan de ti. Permitir la negación es, por supuesto, incorrecto e inútil. Sin embargo, mostrar un apoyo inicial no significa permitir y no es negación. Es, sencillamente, querer escuchar la versión de tu cónyuge antes de saltar a cualquier conclusión. Todo cónyuge lo merece.

Un breve resumen: cuando tu cónyuge falla, un pensamiento útil que quita hierro es el sencillo «así es como falla mi cónyuge». Nuestra madurez en Cristo queda definida por la gracia que tenemos respecto a cuánto nos moleste el tropiezo de nuestro cónyuge. Valorar significa que no permitimos que el fallo de nuestro cónyuge cree distancia, sino que más bien elaboramos de manera intencionada una respuesta generosa, tierna y amable que construye el aprecio y la intimidad. Esta es la única forma de mantener cargadas las «pilas de la valoración» de nuestro matrimonio, frente a la realidad de que todos fallamos de muchas formas.

VALORAR EL VALORAR

- Es necesario aceptar el hecho de que nuestros cónyuges fallarán y dejar de molestarnos cuando lo hacen en cualquier forma particular.

- La meta de un matrimonio que valora consiste en conocer los rincones oscuros y los eslabones débiles de la personalidad de cada uno, mientras se sigue valorando, respetando, adorando y acercándonos el uno al otro.

- Según la Biblia, la santidad suele demostrarse mejor por lo pacientes que somos con la falta de santidad de los demás.

- Valorar es una estrategia a largo plazo que alienta al cónyuge que falla a hacerlo un poco menos.

- Prepárate: la recuperación suele implicar recaída.

- Busca la «presencia subyacente al problema». Dado que ningún cónyuge es perfecto, recuerda que un tropiezo ocasional es el precio que pagas por tener a otra persona en tu vida.

- Responder con amabilidad a los momentos matrimoniales comunes —como que un cónyuge ponga tus llaves en un lugar equivocado— puede ser el semillero de un matrimonio que valora. Pregúntate: ¿es realmente necesaria la confrontación, habida cuenta de que no pretendía causarme perjuicio y ya se siente mal por lo sucedido?

- Otórgale a tu cónyuge el beneficio de la duda. Inicia las conversaciones que pueden ser acaloradas con preguntas y no con acusaciones. Procura entender y no busques una oportunidad para dar un sermón.

PREGUNTAS PARA EL DEBATE Y LA REFLEXIÓN

1. Piensa en dos o tres formas en las que fallas con mayor frecuencia en tu matrimonio. ¿Qué tiene que aguantar tu cónyuge?

2. Considera uno o dos ámbitos en los que sabes que tu cónyuge falla con regularidad. ¿Es algo que necesitas aceptar, a lo que le tienes que aplicar paciencia o que debes confrontar directamente? A la luz de lo que hemos expuesto en este capítulo, intenta considerar cuál es la respuesta más adecuada.

3. Si la santidad se define por soportar con paciencia los pecados y los fallos de los demás, ¿qué tipo de «grado de santidad» te concederías para la semana pasada? ¿Para el año pasado?

4. Si la recuperación implica recaída, ¿qué medidas adecuadas de responsabilidad tienen que considerarse para que tu paciencia no se convierta en una cuestión de codependencia, es decir, que permita seguir con un patrón insano?

5. ¿Cuáles son algunos de los beneficios de la presencia de tu cónyuge que te ayudarán a soportar cualquiera de las inevitables irritaciones de vivir con ellos?

6. Describe un reciente altercado matrimonial que, en retrospectiva, debería haberse dejado pasar, es decir, que al mirar atrás y considerarlo en lugar de intentar «resolverlo» ahora desearías haberte recordado a ti mismo «Así es como falla mi esposo/a» y haber seguido adelante.

7. ¿Qué importancia tiene para ti que tu cónyuge te otorgue el beneficio de la duda? ¿Sientes que te lo suele dar, en general? ¿Con cuánta frecuencia haces esto por tu cónyuge?

CAPÍTULO 11

El arte de valorar a tu cónyuge

Elaborar una actitud de valoración

Puedes pagar veinticinco mil dólares por un reloj que nunca te decepcionará. Te dará la hora con precisión matemática. Si lo miras quince veces al día, te servirá cada una de ellas y jamás se cansará de hacerlo.

Tampoco se quejará si lo miras una decimosexta vez.

Puedes quitártelo por la noche y volvértelo a poner por la mañana, y ese reloj no gimoteará por haber sido ignorado tantas horas ni te echará en cara que solo lo estás utilizando. No te pedirá un regalo de cumpleaños ni de aniversario; no te exigirá nada. Sencillamente te dirá lo que tú necesitas saber, se verá atractivo en tu muñeca y la única razón de su existencia será suplir tus necesidades específicas.

¿Pero quién quiere estar casado con un reloj?

Más personas de las que podrías imaginar.

Maridos y mujeres se tratan con frecuencia según el papel que esperen de cada uno. «No tienes más que hacer lo que se supone que tienes que hacer e intenta verte razonablemente atractivo/a mientras lo haces, y todo irá bien».

El problema de pensar de esa forma es que los cónyuges son almas que desean estar casadas con alguien que valore la totalidad de su persona, y no solo el papel particular que pueda cumplir.

Al ser la vida tan ajetreada y vista la gran cantidad de exigencias que pesan sobre nosotros, tenemos que construir de forma intencional una actitud de valoración o nos arriesgaremos a apreciar a nuestros cónyuges por lo que hacen y no por quienes son. Alguien a quien solo se valora por lo que hace se siente como un empleado y no como un/a esposo/a valorado/a.

Neuroplasticidad

Jesús dijo que el fruto cristiano viene de aquellos que «oyen la palabra con corazón noble y bueno, y la retienen; y como *perseveran*, producen una buena cosecha» (Lucas 8.15, cursivas añadidas).

Las palabras de Jesús sobre llevar fruto con «perseverancia» (de forma constante, a largo plazo) preceden en casi dos milenios a la ciencia neurológica, pero como Él diseñó el cerebro, no debería sorprendernos que, científicamente hablando, se adelantara miles de años a su época en la comprensión de la naturaleza humana. Los neurólogos (los que estudian el cerebro) describen ahora cómo nuestro cerebro está, literal y fisiológicamente, moldeado por nuestra experiencia en el tiempo. Fabricamos surcos en él que, con frecuencia, dirigen nuestros actos. Las acciones repetidas impactan en nuestro cerebro con tanto poder que, cualesquiera que sean, se convierten en nuestro modo de respuesta por defecto.

Esto explica cómo aprendes a tocar un instrumento. Al principio tienes que pensar en dónde poner los dedos cuando ves la nota La sostenida en la partitura. Después de un rato, verás la nota La y tus dedos irán allí automáticamente. Incluso más tarde, ni siquiera necesitarás la partitura; solo interpretas esa nota, porque sabes —sin tan siquiera pensarlo— que es la nota que viene a continuación.

Imagínate un jugador de béisbol. Cuando éramos muy jóvenes, si alguien nos bateaba una bola baja, nuestro instinto natural nos llevaba a quitarnos de la trayectoria. Con el tiempo y la práctica, nuestros entrenadores nos enseñaron a movernos *hacia* la pelota para fildearla. Lo que una vez fue la decisión inconsciente de apartarnos de la pelota, tras la práctica repetitiva e intencional se convierte en la reacción automática de ir hacia ella. Se vería extraño y poco natural que Bryce Harper se apartara de una fuerte bola baja o se agachara cuando ve venir hacia él una bola alta.

Eso es neuroplasticidad en acción.

El mismo principio se aplica cuando se aprende a valorar, en el posenamoramiento. Nosotros, personas egoístas e inmaduras tenemos que pensar en *cómo* apreciar. Hemos de cultivar el agradecimiento y la gratitud por encima de la amargura y la acusación. Debemos ser intencionales en lugar de distraídos. Tenemos que recordarnos a nosotros mismos de pensar en nuestro cónyuge con deleite. No *es* una elección; son un centenar, un millar de ellas y, después, cien mil.

Si seguimos actuando así, es como si plantáramos una semilla y después regáramos la tierra, fertilizando en torno a ella y desherbando. Primero vemos el brote, después la hoja y, por fin, la flor.

En otras palabras, *podemos cultivar el valorar*. En el lenguaje de la neurología, valorar es «guay». Creamos los surcos con lo que hacemos, con aquello en lo que pensamos y con nuestra forma de responder hasta que se convierte en nuestro modo de relacionarnos por defecto.

Aprender a valorar es aprender a moldear los surcos de nuestro cerebro. ¿Cuáles son, pues, algunas formas prácticas además de lo que ya hemos expuesto, para entrenar nuestro cerebro y que escoja valorar?

1. Usa tu mente para cargar tu corazón

Un matrimonio entraba en el ascensor de un hotel. Al entrar, la esposa le recordó al marido: «Planta 9». Parecía que acababa de hacerle un examen de geografía. Sus dedos recorrían todos los botones en busca del 9. Quise decirle: «Está entre el 8 y el 10», pero habría sido malvado por mi parte. Su esposa sonrió, agarró su brazo con más fuerza y le besó en el hombro.

—Sigues pensando en esa transacción, ¿verdad?

—Sí.

—Saldrá bien.

Todos tenemos lagunas mentales. Esta esposa valoraba a su marido no ridiculizándolo mentalmente (como yo hice), sino pensando en él de un modo positivo: está distraído, se está centrando en otra cosa, pero sigue siendo un hombre inteligente. Escogió darle un sesgo positivo a la situación.

Es lo que nos llama a hacer la valoración. Para algunos de ustedes esto requeriría mucha práctica. Si eres sarcástico o insidioso por naturaleza, tendrás que defenderte de tu modo por defecto de hacer una broma a expensas de tu cónyuge o de hacerle de menos, y en su lugar escoger pensar lo mejor de ellos. Para ello, aprende un simple truco: *No te escuches a ti mismo; habla contigo mismo.* Toma el control de tu mente, rechaza lo negativo y escoge lo positivo.

Filipenses 4.8 nos indica que cuando pensamos en nuestro/a esposo/a, deberíamos concentrarnos en:

- todo lo verdadero
- todo lo noble
- todo lo justo
- todo lo puro
- todo lo amable
- todo lo que es digno de admiración
- todo lo que sea excelente o merezca elogio

Esto te llama a ocuparte de tu mente, disciplinarla para que pienses en las cosas sobre tu esposo/a que son dignas de ser celebradas. Si cuando piensas en tu cónyuge, te recreas en lo que *no* es honorable, en lo que es de mal gusto, frustrante, vergonzoso y merece censura, no te sorprendas si tu corazón va a la zaga.

Estoy seguro de que ese hombre salió del ascensor en la novena planta sintiéndose comprendido y valorado, en lugar de avergonzado e irrespetado. Esto es a lo que debería aspirar cualquier cónyuge.

2. Sacrifícate por tu cónyuge

Entre los ciudadanos más patriotas se encuentran los soldados en activo y los retirados. Cuando has luchado por una bandera, incluso arriesgando tu vida, ella y lo que representa se vuelven aún más preciosos para ti.

Lo mismo ocurre en el matrimonio. Cuanto más inviertas en tu cónyuge —tu tiempo, tus emociones, tu servicio y hasta tu bienestar— más le/la valorarás. ¿Por qué? *El sacrificio moldea tu corazón.*

A «James» le encantan las cervezas artesanales; se ha convertido en un pasatiempo de mediana edad para él. Viaja cada semana y podría permitirse fácilmente este pasatiempo comprobando las miles de cervecerías que encuentra a su paso en el curso de su negocio, pero no lo hace; le ha prometido a su esposa: «No beberé cuando no esté contigo».

Beber hace a la persona vulnerable cuando está sola en la carretera. Desconozco si esta política se suscitó porque se llevó un buen susto, pero James se aferra a su compromiso y, adivina una cosa. Esto moldea su corazón. Cuando beber podría hacerle olvidar quien es, no hacerlo (aunque le apetezca) le hace recordar a su esposa. Le ayuda a valorarla al traerla a su mente. Espera volver a casa junto a ella, ya que no solo la ve a ella; también puede entregarse a una actividad favorita que solo realiza cuando ella está junto a él. James gana más sacrificándose que dándose el gusto; en los años en que el nido ha quedado vacío, él tiene un matrimonio que le resulta verdaderamente satisfactorio. Si te preguntas cómo conduce el sacrificio a la valoración, considera esto: ¿quién valora más el primer auto, el adolescente al que se le da uno o el joven que ha trabajado por las noches y los fines de semana, y ha ahorrado dinero durante tres años para poderse comprar su propio vehículo?

El sacrificio realiza el trabajo preliminar para una actitud de valoración. Pruébalo y lo verás.

3. Abraza con generosidad

Un editor italiano nos invitó a Lisa y a mí a una conferencia en Italia para ayudar a lanzar la publicación en ese idioma de tres de mis libros. Fue asombroso ver, en nuestra primera noche allí, tantos abrazos y besos. Una mujer se dirigió a nuestra mesa, y el rostro de nuestro anfitrión se iluminó. Estaba radiante al agarrarla y besarla y, con emoción (imagino; yo no hablaba italiano), le preguntó cómo estaba.

Debe de ser alguien bastante cercano a él, pensé.

Sin embargo, a lo largo de los treinta minutos siguientes, ¡descubrimos que había muchas personas que eran «bastante cercanas» a él! Todo el mundo recibió una bienvenida entusiasta y conmovedora. Y la mayoría de las personas en la conferencia hicieron lo mismo. Los padres eran afectuosos con los hijos, los amigos con los amigos; todos recibieron besos y abrazos, y fueron saludados verbalmente con entusiasmo a lo largo de toda la semana.

Esto me hizo pensar lo poco que toco y abrazo a mis hijos y a mi esposa en comparación. Siempre los abrazo cuando los veo y los observo marchar. Pero aquello era un abrazo y un beso comunitario. No solo los padres, sino, al parecer, todo el mundo. Y me pregunto lo emocionalmente privados que están los cónyuges estadounidenses y los hijos por no hacer que se ilumine el rostro de alguien cuando los saludan o cuando nadie los toca más allá de un ocasional apretón de manos o un choque de puños.

Desde que regresamos de Italia, he observado una cosa: tomarme de treinta a cuarenta y cinco segundos para prolongar el abrazo matinal con Lisa realiza maravillas. Yo solía abrazarla después de que ella se despertara, como si fuéramos meros viandantes —«buenos días»— y luego seguía adelante con mi día, ya que por lo general ya estaba levantado y corriendo. Esos treinta segundos adicionales le hacen sentir a Lisa que el abrazo es cualitativamente diferente; aumenta su impacto en un cien por cien y la hace sentir valorada. No solo la estoy amando por obligación, sino que la estoy apreciando con deleite.

Neurológicamente, abrazar libera oxitocinas en nuestro cerebro. Es un neuropéptido, por lo general llamado «química del abrazo» que fomenta los «sentimientos de devoción, confianza y vinculación afectiva», según el psicólogo Matt Hertenstein, de la Universidad de DePauw. El doctor Hertenstein afirmó en la RNP [Radio Nacional Pública] que abrazar «establece en realidad el fundamento y la estructura biológicos para conectarse con otras personas».[23]

En otras palabras, podemos usar nuestros brazos para moldear nuestro cerebro y que la valoración se convierta en nuestra respuesta por defecto.

4. Necesita a tu cónyuge

Una de las mejores formas de valorar a tu cónyuge es necesitándolo/a y haciéndoselo saber. Mi esposa no quiere sentirse cuidada o incluso valorada, si esto significa tratarla como a una frágil muñeca de porcelana sobre un pedestal. Quiere sentirse *valiosa*. Esto es precisamente lo que consigo cuando la hago sentirse apreciada.

Todos queremos ser necesitados, y si sentimos que no es así, no nos sentimos valorados.

Alex es hijo único y su personalidad es fiel a su orden de nacimiento. Es un tipo formal que lo maneja todo. Se casó con Amy, quien siendo la pequeña de varios hermanos estaba acostumbrada a que la cuidaran, y le gustaba.* A lo largo de toda una serie de acontecimientos, incluidas algunas alarmas médicas, Dios le cortó las alas. Se vio derribado, incapaz de cumplir con sus responsabilidades de negocios y de familia, y Amy tuvo que dar un paso adelante.

Durante el transcurso de los meses siguientes, Amy descubrió que le *gustaba* tener mucha más responsabilidad. Cuando se decantó por una elección en el negocio que Alex no habría tomado y resultó tener razón, disfrutó de la expresión en el rostro de su marido. Cuando él fue capaz de regresar al trabajo, el negocio y el hogar funcionaban mucho mejor que cuando él ingresó en el hospital.

Para Amy, lo que este paréntesis hizo por su matrimonio fue incluso más profundo. Al ser necesitada, se sintió valorada. En cuanto a Alex, su necesidad de ella hizo que la valorara aún más. La apreció y la respetó a un nivel más profundo y amplio.

¿Recuerdas cuando Dios valoró a Jerusalén en Ezequiel 16? Su aprecio convirtió aquella ciudad, una huérfana abandonada,

---

* No estoy diciendo que todos los hijos únicos y los más pequeños de entre sus hermanos sean así, solo que Alex y Amy encajan en el estereotipo de cómo suelen ser los primogénitos y los últimos en nacer.

en una soberana real famosa en el mundo entero. Una reina no es una celebridad vacía que pasa todo su tiempo haciéndose *selfies* y publicándolos en la Internet; una reina *reina*.

Ningún cónyuge quiere sentirse como un inepto ni como un «mantenido» en el ámbito de la vida. Si no permites que tu marido o tu mujer te «necesite», jamás se sentirán valorados de verdad.

Cuando Dios le dio una ayuda a Adán, no fue porque estuviera solo, sino porque la necesitaba. El matrimonio no es tan solo la cura de la soledad; también son dos personas que se apoyan y se ayudan la una a la otra.

Algunos de ustedes corren de un lado a otro, ajetreados, porque no quieren «molestar» a su cónyuge. No se dan cuenta de que un «oye, necesito realmente que me ayudes con esto» ocasional puede ser un regalo de reafirmación.* Ratifica lo que tu cónyuge vale. Puede hacer que se sientan valorados. Además, entrena tu cerebro para que, a tu vez, aprecies a tu cónyuge.

5. Reconoce la realeza de tu cónyuge

Otro método para mantener una actitud de valoración hacia tu cónyuge es honrarle/a por su *posición*. Se habla mucho del príncipe George en la prensa, aunque no ha hecho nada. Como hijo de Guillermo y Kate, lleva sangre real y, por tanto, merece atención.

En el ámbito espiritual, te has casado con un cónyuge real. Las bodas tradicionales ortodoxas orientales celebran una práctica denominada «coronación». La novia y el novio llevan coronas

---

* Entiendo que algunos de ustedes han dicho esto y han descubierto que su cónyuge no daba un paso adelante, y tal vez se sintieran molestos. Esto es una dinámica totalmente distinta a la que estoy tratando aquí.

como parte de los festejos. En días muy lejanos ya, la esposa y el esposo ortodoxos orientales llevaban esas coronas durante ocho días, después de la ceremonia. Hoy es mucho más típico que se despojen de las coronas al final de la ceremonia.

Un matrimonio verdaderamente cristiano nos sitúa en una larga orden de «parejas reales» que descienden de Adán y Eva (los primeros a los que se les dijo «señoread... en todas las bestias que se mueven sobre la tierra» [Génesis 1.28], Abraham y Sara, Isaac y Rebeca, Jacob y Raquel, David y Betsabé, Zacarías y Elisabet y José y María. Es el reconocimiento de que el matrimonio cristiano es algo más que felicidad e hijos; tiene que ver con testificar del plan de Dios a largo término para traer a la humanidad de regreso después de la caída a través del Mesías. Somos representantes reales por medio de los cuales Dios extiende su reinado y edifica su reino.

Después de escribir sobre el plan de Dios a largo plazo, el apóstol Pedro proclama: «Ustedes son linaje escogido, real sacerdocio, nación santa, pueblo que pertenece a Dios, para que proclamen las obras maravillosas de aquel que los llamó de las tinieblas a su luz admirable» (1 Pedro 2.9). Este es el contexto que precede lo que Pedro le dice a las esposas (3.1–6) y los maridos (3.7). Es una clara declaración de que tenemos que tratarnos el uno al otro a la luz de *nuestra realeza espiritual*. Nuestros matrimonios tienen más que ver con más que ambas partes; su cometido es testificar del reino de Dios, una misión que se lleva a cabo, en parte, reconociendo el lugar real que ocupa cada uno de los cónyuges en ese reino.

Cuando una princesa tiene una conducta incorrecta, sigue siendo princesa y tiene derecho a cierto respeto. Cuando un príncipe tiene un mal día, no pierde su sangre real.

Considera el caso de Terry, un hombre encantador de Winnipeg, que ha tenido dos amores y dos veces el corazón roto. Sus dos esposas murieron por enfermedad. La primera falleció después de veintiún años de matrimonio; la segunda, Sharon, tras diecisiete años de casados.

Su vida de dos matrimonies ofrece un precedente para valorar al cónyuge. La principal diferencia entre el segundo matrimonio de Terry y el primero, en sus propias palabras, es que él llamaba a Sharon «princesa» y la trató como tal.

La primera esposa de Terry murió de un cáncer de ovarios. La enfermedad desencadenó una terrible batalla durante cinco años, y los últimos ocho meses requirieron cuidados las veinticuatro horas. Terry se acostumbró a hacerlo todo y no recibir casi nada a cambio. Esto era nuevo para él, ¿pero qué otra cosa puedes hacer cuando tu esposa va muriendo lentamente de una enfermedad horrible?

Terry volvió a casarse cuatro años después del fallecimiento de su primera esposa. Al haberle exigido sus últimos años de matrimonio que se ocupara de la mayoría de las tareas diarias, y además los cuatro años que estuvo solo, mantuvo la misma actitud en su segundo matrimonio. Sharon había estado soltera durante cuarenta y cuatro años antes de casarse con Terry, y tener a un hombre que la servía como él cuando ella estaba acostumbrada a estar sola, esto la hizo sentir la mujer más afortunada del mundo.

Terry afirma que su segundo matrimonio fue más cercano y, de muchas maneras, más rico que el primero, no porque una mujer fuera más excelente que la otra, sino porque su propia *actitud* respecto al matrimonio fue tan radicalmente distinta. Trató a su esposa como si ella fuera de la realeza.

¿Cómo tratarías a una reina? Así es como Terry lo hizo con Sharon.

Valorar a Sharon de este modo le dio a Terry un corazón que le hizo apreciarla muchísimo más. Cuanto más la servía y la protegía, más la valoraba. Por esta razón la llamó princesa hasta el día en que murió.

Presioné a Terry respecto a esto solo para asegurarme de que le estaba entendiendo correctamente. Tuvo dos matrimonios, uno más cercano que el otro. Sin embargo, la diferencia no fue que una esposa fuera mejor que la otra (que es lo que solemos creer que genera la felicidad marital). El contraste fue su propia actitud hacia una esposa y la otra. Estaba comprometido y amaba a su primera mujer, pero a la segunda la valoró.

La historia de Terry, con sus dos matrimonios, muestra cuánto impacto puede tener el compromiso de valorar. Su vida nos cuenta que no es tanto con quién nos casamos como nuestra forma de actuar en el matrimonio y la actitud que mantenemos hacia nuestro cónyuge en dicha relación.

6. Haz que los sueños de tu cónyuge se hagan realidad

En general, la valoración se construye en pequeñas y constantes afirmaciones. Apreciar de verdad a alguien significa, sin embargo, que al menos un par de veces quieres ir a toda vela.

Todos hemos leído sobre niños que se enfrentan a una enfermedad terminal y a los que se les ha proporcionado días en los que han cumplido su fantasía especial: conocer a un atleta famoso, ir a un parque temático, etc. He oído de cónyuges quienes, habiendo recibido el diagnóstico médico terminal de su pareja, han planeado hacer que se cumpla esa fantasía aplazada desde hace tanto tiempo.

¿Por qué no planificar esa fantasía ahora?

Maridos, la fantasía más común sobre la que suelo escuchar hablar a las esposas es, en realidad... Europa. Son tantas las mujeres que han mencionado cómo, cuando los hijos han abandonado el nido y la economía no es tan ajustada, les encantaría visitar París o Londres, o alguna otra ciudad europea favorita. Si vives con unos ingresos de clase media, viajar a Europa puede parecer tan fuera de su ámbito de posibilidad que te limitas a comentar: «Sí, sería fantástico».

¿Pero y si pudieras ahorrar quinientos o setecientos dólares al año, en secreto (son más o menos cincuenta u ochenta dólares al mes)? En una década tendrías lo suficiente para costear unas vacaciones decentes en Europa. Imagina cómo se iluminaría el rostro de tu esposa al abrir un regalo con una fotografía de la Torre Eiffel sobre la que hayas escrito «Nuestra próxima cita nocturna». Imagina lo mucho que significará que te hayas sacrificado durante tanto tiempo —más de una década— sacando dinero de tus propios gastos discrecionales para hacer que uno de los sueños de su vida se haga realidad.

Esta es la cuestión: el *proceso* de ahorrar en secreto y hasta de sacrificarte para hacer realidad su sueño moldeará radicalmente tu corazón y tu mente, haciendo que valores cada vez más a tu cónyuge. Adoptar la actitud de «No me importa lo que se rompa o lo que necesite reparación, esta reserva de dinero secreta no será asaltada; no hay nada más importante que hacer realidad el sueño de mi esposa» reforzará tu deseo para ella.

Quizás solo te sea posible hacer que este deseo a largo plazo suceda una o dos veces en el transcurso de tu matrimonio, ¿pero no deberías intentarlo al menos una o dos veces?

Además, este es uno de los mejores usos que puedas encontrar jamás para el dinero. Un estudio de la Universidad del Estado de San Francisco descubrió que, aunque la mayoría de las personas sentían que el dinero gastado en productos físicos era mejor que el que se usaba en actividades experienciales, utilizar el dinero para comprar experiencias con los seres amados conduce, en realidad, a más felicidad global que comprar dichos productos: «El estudio demuestra que las compras experienciales, como una comida fuera o entradas para el teatro, resultan en un mayor bienestar porque satisfacen necesidades de orden superior».[24]

Para otros de ustedes, el sueño de toda la vida de tu cónyuge podría no ser un lugar que visitar, sino un sitio donde trabajar. Cuando Donnie y Jaclyn vivían en Nashville tenían tan poco dinero que optaron por los cupones para alimentos. Jaclyn quería dedicarse a la fotografía, y lanzar esta profesión podía llevarle largo tiempo, y empezó a sentirse culpable por no contribuir más al presupuesto familiar.

Una de sus buenas amigas trabajaba como camarera en un restaurante, y Jaclyn pensó que tal vez ella podría hacerlo también.

«No, no vas a hacer eso», respondió Donnie con una fuerza inusitada. «Tú sigue con la fotografía. Un día será lucrativo. Sencillamente, lo sé».

Donnie explica su pensamiento: «Crecí oyendo hablar a las mujeres sobre abandonar sus sueños una vez casadas, y eso no es lo que quiero para Jaclyn. Para ser sincero, no me importaba cuál fuera su sueño. Si quería ser una mamá que se quedara en casa, si prefería conseguir una licenciatura o quería hacer la carrera de fotografía, yo estaba decidido a hacer que ocurriera».

Este compromiso le resultó muy costoso a Donnie. Tuvo que llevar adelante dos trabajos para suplir la falta de ingresos del empleo de Jaclyn. Cuando ella logró su primer mordisco en un trabajo comercial, no tenía el equipo adecuado y estaba planeando dejar pasar la oportunidad, pero Donnie le compró lentes para la cámara que le costaron dos mil dólares, para que ella tuviera las herramientas necesarias.

«Y esto fue cuando no teníamos ni veinte dólares para comprar en el supermercado».

Hoy, Jaclyn *tiene* un lucrativo negocio de fotografía. Por todo Houston hay carteles que presentan parte de su trabajo. En realidad, tiene a muchos otros fotógrafos que trabajan ahora para ella. «Les pago para que hagan la mayor parte de las fotos, y yo me dedico más ahora a la edición».

Sin embargo, fue mucho más lo que logró esta actitud sacrificial en el matrimonio de Donnie y Jaclyn que el resultado que tuvo en su cuenta bancaria. Jaclyn se siente valorada. Fue ella quien comentó en el primer capítulo de este libro: «A veces me siento culpable de que todo nos vaya tan bien».

7. Observa y deléitate

Un ministerio nacional del matrimonio nos invitó a Lisa y a mí a disfrutar de un pequeño crucero en barco, sin pedirnos que habláramos ni una sola vez.

«Solo queremos darles las gracias por la inversión que hacen en tantos matrimonios», nos explicaron.

Lisa y yo disfrutamos poder centrarnos en hacer cosas divertidas en excursiones, sin que yo tuviera que prepararme para nada más en el día. Pude estar más presente como marido, en lugar de estar preocupado por lo que tenía que decir en una charla nocturna.

Tal vez por esta razón fui capaz de deleitarme doblemente el primer día a bordo. Lisa es la reina de los planes de viaje y excursiones, y le encanta. Estudia las opciones, consulta revistas, compara precios y acaba con algo que al noventa y cinco por ciento de nosotros nos pasaría por alto. Como de costumbre, ella había realizado su investigación antes incluso de que embarcáramos. Cuando nos sentamos aquella primera noche en la zona común donde estaban anotadas las excursiones en un cuaderno, Lisa se convirtió de facto en las relaciones públicas del crucero. Alguien le formuló una pregunta y ella la respondió tan bien que otra persona preguntó, y otra, y pronto se vio rodeada por un círculo. Yo observaba, fascinado, cómo Lisa resplandecía.

Nuestros hijos y yo nos reímos a veces de los planes de Lisa para las vacaciones, pero aquí, otras personas estaban disfrutando también de su talento. Ella estaba en el escenario central, mi bailarina, y otros se beneficiaban de algo que yo había aprendido a dar por sentado.

Existen tantos aspectos adorables de Lisa que me resulta fácil olvidar lo útil, práctica e inteligente que puede llegar a ser. Observarla en acción, allí, reclinado sobre el respaldo de mi asiento, recargó la valoración de mi mente y mi corazón hacia ella. Solo la miraba, me maravillaba y la apreciaba.

A veces tienes que dar un paso atrás, observar y hasta meditar en tu cónyuge. Míralo/a en una situación impresionante como si fuera la primera vez que le/la vieras. *Recuerda en tu mente por qué te enamoraste de ella la primera vez.* Al actuar así, la valoración surgirá de forma natural.

8. Conserva tu energía

A estas alturas habrás llegado, sin lugar a duda, a comprender que todo este tema de la valoración requiere mucho tiempo, esfuerzo, energía y pensamiento. Puedes enamorarte locamente de un chico o una chica por accidente, pero no puedes valorar a un cónyuge de manera accidental. Requiere intención, propósito y reflexión si tiene que durar. Le pregunté a una esposa qué la hacía sentir más valorada, y su respuesta de una sola palabra fue «intención».

Aprender a valorar a tu cónyuge es una razón por la que tienes que evitar las adicciones o seguir trabajando con fidelidad en la recuperación si ya eres un adicto. Las adicciones pelean contra el valorar. Minan la energía que deberías estar gastando en tu matrimonio. Puedes alimentar una adicción o tu matrimonio, pero no puedes ocuparte de ambas cosas. Uno u otro pasará hambre.

Esto es verdad incluso en las adicciones «saludables». Sin darse cuenta, algunas mujeres no pueden evitar poner sus deberes como madre por encima de los de esposa. Vivir de cualquier otra forma sería forzado, doloroso y hasta impensable, y esto hace que en gran medida el ser madre suene como una adicción. Esto mismo se puede decir de los trabajos, los pasatiempos o complacer a nuestros padres. He visto matrimonios que se alejaban cada vez más cuando la mujer empieza a pensar en correr maratones y a vivir para ello; el hombre está obsesionado con hacer crecer su iglesia; una mujer no puede pensar más que en que sus hijos tengan éxito; un hombre maquina formas de estar solo para satisfacer sus fantasías electrónicas. Cada segundo que dediquemos a otra cosa es un segundo robado a nuestro cónyuge.

Para vivir una vida de valoración hacia nuestro cónyuge, debemos mostrarnos cautelosos con apreciar demasiado cualquier otra cosa. No podemos vivir con la intensidad adecuada por nuestro cónyuge si nos estamos derramando en otra cosa. Y permíteme decir que no he visto nunca nada tan satisfactorio como un matrimonio íntimo marcado por valorarse el uno al otro.* He corrido una docena de maratones, y hasta terminé tres de las maratones de Boston y, en ocasiones, al final de estos, sigo pensando: *¿De qué sirve?*

Pocas cosas duran tanto en la vida como el matrimonio. Puedes darlo todo de ti por tus hijos, pero si están emocional y físicamente saludables, acabarán abandonando tu hogar y empezarán su propia vida. Ningún hombre en la historia del universo se ha sentido nunca satisfecho de vivir una vida dirigida por la dependencia del alcohol o la carga de adrenalina producida por el juego. Cada una de estas cosas produce mucha más desgracia que satisfacción al alma humana.

Lo que estoy diciendo es que, por tu propia felicidad y satisfacción tengas cuidado con las búsquedas en solitario y las

---

* Según Mateo 6.33, nuestra primera búsqueda debería ser el reino de Dios, incluso por encima de la intimidad en el matrimonio. Por tanto, estoy escribiendo esto dentro de este contexto. Sin embargo, como argumento en *A Lifelong Love,* amar a mi esposa —la hija de Dios— es un aspecto de ese reino. Aun así, los mejores y más íntimos matrimonios serán búsquedas unificadas de la obra del reino, no centrada principalmente en cada miembro de la pareja. Te ruego, pues, que leas estas palabras con esta salvedad en mente.

energías que roban el gozo y la maravilla de tener un matrimonio en el que ambos se valoren de verdad el uno al otro. Es natural y hasta saludable tener pasiones externas que tal vez tu cónyuge no comparta, pero controla el tiempo y la energía que les dedicas. No puedes valorar a tu esposo/a si te obsesiones en complacerte a ti mismo/a.

El resultado final

Lisa y yo visitamos una tarde una pequeña ciudad costera de moda en el sur de California, y nos detuvimos a comer en un restaurante, que Lisa ya había investigado con diligencia.

«Vayamos a dar un paseo», propuso Lisa tan pronto como acabamos.

Dos manzanas más tarde, el estallido metálico más estridente que había escuchado en toda mi vida tronó a nuestro alrededor. Lisa se estremeció y yo salté sobre ella, poniéndola delante y un poco debajo de mí. Nos quedamos parados tan solo un segundo, preguntándonos qué ocurriría a continuación cuando miré hacia atrás y vi que se había producido un accidente en una obra de construcción.

No fue una bomba ni un acto de terrorismo.

Fue tan solo una caída *muy fuerte.*

«¡Ahhhh! Me has salvado la vida», bromeó Lisa.

No me dio tiempo a pensar. Lo único que supe fue que algo potencialmente amenazante estaba sucediendo detrás de nosotros y, de manera instintiva, me interpuse entre lo que fuera que nos amenazaba y Lisa. Fue la reacción de una fracción de segundo.

¿Qué sucedió? He estado orando para valorar a Lisa. He estado escogiendo valorarla. Durante tres décadas le he pedido a Dios que me diera un corazón para valorarla como el Hijo de Dios aprecia a la iglesia. Por tanto, cuando sucedió algo que se salía del proceso racional, no tuve tiempo de pensar, solo de reaccionar: vi que Dios había moldeado de verdad mi corazón, y escogí proteger y valorar. ¡La neuroplasticidad en acción!

Y lo curioso fue que, durante el resto del día, sentí un amor incluso más intenso por Lisa, como cuando éramos adolescentes. Estaba ligeramente asustado: ¡Ella podría haber quedado herida! Y me sentí tan tierno hacia ella, tan amoroso hacia ella. No quería perderla de mi vista.

Este asunto de la valoración *funciona*.

VALORAR EL VALORAR

- Valorar es una actitud mental que se elige; una vez en movimiento, puede llegar a convertirse en nuestro modo de acción por defecto, pero hay cosas que podemos hacer para ponerla en marcha.
- Piensa en las cualidades positivas de tu cónyuge.
- Cuanto más nos sacrificamos por nuestro cónyuge, más tendemos a valorarlo/a.
- Los abrazos y tocarnos son herramientas que nos ayudan a valorar más a nuestro cónyuge.
- Valoramos aquello que necesitamos. Encuentra formas de «necesitar» a tu cónyuge. Déjalo/la servirte.

- Reconoce la realeza spiritual de tu cónyuge. Terry descubrió que su segundo matrimonio fue superior al primero en términos de felicidad e intimidad, por su actitud y no a causa de su esposa.

- Descubre uno de los grandes sueños de tu cónyuge y empieza a hacer las pequeñas elecciones necesarias para sacar un plan a largo plazo, aunque requiera más de una década. La mera práctica de ahorrar creará una actitud de valoración.

- Observa y deléitate. Reclínate en tu silla y disfruta cuando tu cónyuge esté atrayendo toda la atención.

- Conserva tu energía. Una vida extremadamente ocupada y adicta son, ambas, enemigas de la valoración mental.

PREGUNTAS PARA EL DEBATE Y LA REFLEXIÓN

1. ¿Qué estrategia o estrategias puedes emplear para entrenar tu mente y que piense en positivo sobre tu cónyuge?

2. ¿Qué te ha costado últimamente valorar a tu cónyuge? Si no se te ocurre nada que hayas tenido que sacrificar, ¿qué puedes hacer para sacrificarte en su beneficio en las próximas semanas?

3. ¿Qué tipo de contacto (no sexual) hace que tu cónyuge se sienta valorado/a? ¿Qué tipo de contacto te hace sentir valorado? ¿Cómo puedes recordarte a ti mismo/a abrazar o tocar a lo largo del día?

4. Habla de cómo podrían tratarse maridos y esposas los unos a los otros, de un modo distinto, frente a los niños y en público si de verdad respetan la realeza espiritual de cada uno.

5. ¿Qué pueden aprender las parejas en su primer matrimonio de la experiencia de Terry de haberse casado dos veces? ¿Cómo pueden volver a empezar las parejas, con nuevas actitudes para poder profundizar en su matrimonio actual?

6. ¿En qué grado crees que tu cónyuge se siente valioso para ti? ¿Qué puedes hacer para aumentar su sensación de sentirse valioso/a?

7. ¿Qué deseos tiene su cónyuge en su lista de deseos a realizar en su vida? ¿Cuál de ellos podrías empezar a planear para que se haga realidad?

8. ¿Qué te resta energía mental impidiendo que puedas reservar algo con lo que valorar a tu cónyuge? ¿Qué puedes hacer para recortar este impedimento y poder empezar una nueva vida en la que escojas mentalmente valorar a tu esposo/a?

CAPÍTULO 12

Más fácil de valorar

Cómo facilitar que nuestro cónyuge nos valore

Todos nosotros queremos ser valorados y lo cierto es que si deseo que mi esposa me valore, el mejor camino para conseguirlo es esforzarme en convertirme en alguien más fácil de valorar.

Si leer este libro te ha hecho anhelar que tu cónyuge te tratara como yo estoy instando a tratarnos unos a otros, hazte esta pregunta: *¿cómo puedo convertirme en alguien más fácil de valorar?* Si queremos ser apreciados por alguien, ¿no tiene sentido que nos centremos en madurar en los ámbitos más fáciles de valorar, a la vez que vamos saliendo de esos patrones que dificultan de forma particular que se nos valore? Tal vez te sientas tentado/a a replicar: «Pero se supone que él [ella] me valore sencillamente y a pesar de todo», y en cierto modo tendrías razón. En otro sentido, sin embargo, no estás viviendo de verdad en el mundo real.

Las cosas mejores de la vida —y todo cambio— empiezan con la humildad.

El barrio en el que vivo

Ya he dicho antes que no soy un caso clínico de TOC (Trastorno obsesivo compulsivo), pero vivo en el barrio de al lado. Tengo mis rutinas que valoro e incluso protejo. Y eso intensifica el estrés en Lisa. Sentir aprecio por mis rutinas me dificulta más valorar a Lisa y a la inversa. En los primeros tiempos de nuestro matrimonio no entendía por qué cuando ella desbarataba mis rutinas, mis niveles de estrés se ponían por las nubes. Es mi problema, no el de ella, pero yo solía pensar que era su culpa.

Este ha sido un problema de por vida, y seguimos ocupándonos de él. Justo este año pasado —¡tres décadas ya!— mi esposa y yo visitábamos a nuestro hijo y su flamante esposa en su apartamento de Seattle. A mí me encantaba correr alrededor de Green Lake cuando vivíamos al Noroeste del Pacífico, pero como se encuentra a casi ciento treinta kilómetros de Billingham, donde residíamos, solía correr allí cuando volvía en auto desde el aeropuerto. Mi hijo vivía ahora en un apartamento a menos de cuatrocientos metros de allí. ¿Cuántas veces había corrido alrededor de Green Lake y después tuve que sentarme en el auto, con la ropa empapada de sudor, y conducir hasta nuestra casa donde podía tomar una ducha? Muchas. ¡Pero ahora conocía a alguien que tenía una ducha justo a un par de manzanas!

No tenía paciencia para experimentar la carrera en el Green Lake y no tener que pagar por ella el coste de estar sentado con la ropa sudada.

Era domingo. Habíamos asistido a la iglesia de nuestro hijo aquella mañana y estábamos planificando el resto del día. Yo tenía programado correr dieciséis kilómetros ese día. (Usar el término «programado» es una broma; no tengo entrenador ni nadie me controla, pero estaba convencido de que «necesitaba» correr al menos dieciséis kilómetros ese día. No, no puedo defenderlo. Es la mente con la que vivo). Cuando hablábamos de las actividades de ese día, yo volvía una y otra vez a pensar en cuándo encajar mi salida a correr.

Con mucha paciencia y de un modo amoroso, Lisa dijo por fin: «Gary, tal vez no sea esa nuestra primera preocupación ahora. Saquemos estas otras cosas en claro. ¿Sería tan terrible si corrieras hoy una distancia más corta y mañana los dieciséis kilómetros?».

Entendí lo que yo estaba haciendo —obsesionarme de un modo compulsivo— y no quiero ser así. Lisa me estaba ayudando a ver cómo me estaba comportando y me sentí agradecido, porque de verdad quería ser más como Jesús. Él es un siervo. No lo guían «necesidades» compulsivas y falsas. (Que conste que *tuve* mis dieciséis kilómetros alrededor de Green Lake, con un maravilloso tramo de carrera junto a mi hijo).

Si quieres ser valorado/a, practica la humildad y admite que existen partes realmente irritantes en ti que tienen que ser transformadas, y *dale la bienvenida a la transformación*. En tu cabeza sabes que no eres perfecto/a, ¿verdad? Pero cuánto nos molesta cuando nuestro cónyuge lo ve con mayor claridad que nosotros y nos lo señala.

La división entre ese vacío hipócrita puede llamarse «orgullo».

Esto es lo que *no* tiene utilidad alguna: intentar superar la división pensando en que es nuestro cónyuge quien tiene el problema, y no nosotros. Lo hacemos con bastante habilidad, diciendo: «Él [ella] solo está reaccionando exageradamente». En vez de que nosotros tengamos un problema, ¡son reacciones exageradas de nuestro cónyuge al problema! Y después hacemos que un amigo o un pariente cercano confirme que nuestro cónyuge está siendo demasiado duro/a con nosotros. Si quieres convertirte en alguien más valorable, tienes que entender que la opinión que tu amigo o tu pariente tenga sobre ti no es tan válida como la de tu cónyuge; por esta razón, tal como lo expresa Tim Keller: «Aunque los defectos de tu carácter puedan haber creado ligeros problemas para otras personas, crearán otros importantes para tu cónyuge y tu matrimonio... Nadie más se siente tan incómodo y herido por tus fallos que tu cónyuge. Y, por tanto, él/ella se vuelve más profundamente consciente de lo que no está bien en ti que cualquier otra persona».[25]

Una cosa es «visitar» un defecto de carácter y otra vivir por completo con él. Solo porque algo respecto a ti no moleste a un amigo, un padre o un hermano, esto no significa que tu cónyuge esté reaccionando con exageración cuando esto los fastidia. El matrimonio lo amplifica todo, unas veces para bien y otras para mal.

Détente por un momento y haz una lista de las tres cosas que podrían dificultar que alguien te valore:

_____

_____

_____

Si algo de lo que hago está molestando a mi cónyuge y yo quiero tener un matrimonio íntimo, «conectado», esa es toda la motivación que debería necesitar para tomármelo más en serio y ocuparme de ello. Que no incomode a mi hermano o a mi mejor amigo es irrelevante, porque no estoy intentando construir un matrimonio con ellos, sino con mi cónyuge; si mi obsesión se está interponiendo, es necesario que sea humilde, sincero e implacable con esa debilidad.

En mi blog, algunos tipos de personalidad se resisten con energía a esta noción: «Me estás pidiendo que me convierta en alguien diferente. Mi cónyuge debería aceptarme tal como soy». Mi respuesta es doble. Primero, Jesús (Mateo 5.48), Pablo (2 Corintios 7.1), Pedro (2 Pedro 1.5–9), Santiago (1.4) y Juan (1 Juan 3.2, 3), todos ellos nos llaman a convertirnos en algo que no somos, es decir, *a crecer*. Nadie necesitaría crecer si ya fuéramos perfectos. Si tu cónyuge te está llamado a un grado mayor de semejanza con Cristo, él o ella está actuando como siervo de Dios para ayudarte a aplicar la enseñanza de cada escritor/maestro importante del Nuevo Testamento.

En segundo lugar, permitiendo ser transformado a través del matrimonio, estoy cambiando meramente una independencia egoísta y obcecada por la asombrosa realidad de ser íntimamente conocido, amado y valorado. He vivido ambas vidas, y pienso que la intimidad relacionada es mucho mejor que una actitud defensiva, encarnizada e independiente. Si tengo que morir a unas cuantas cosas egoístas para conseguir un lugar mucho mejor, en general es una entrada bastante barata para la felicidad.

La humildad nos llama a ser agradecidos —no resentidos ni a la defensiva— por un cónyuge que sabe cómo manejar los puntos irritantes de nuestra personalidad con gracia, valor y delicadeza.

Ayúdame

Otra forma de ayudar a que tu cónyuge aprenda a valorarte es recibir de buen grado su asistencia para que te conviertas en un

Valorar

siervo más eficiente en el reino de Dios. Una vez más, la humildad es primordial. Ser más eficiente significa, por definición, que todavía no lo somos tanto como deberíamos ser.

En su libro superventas *Building Your Mate's Self-Esteem*, [Desarrollar la autoestima de tu cónyuge] Barbara Rainey escribe sobre alentar a Dennis en los primeros días de su ministerio de conferencias. Dennis reconoce de buen grado que el inglés no era su mejor material (era la pesca), así que sus primeras charlas contenían, por lo general, varios errores gramaticales manifiestos.

Barbara entiende cómo se supone que funcione la gramática y, por ello, indicó varios de los errores cometidos por Dennis. Más tarde, él le pidió que fuese cuidadosa con el momento en que compartía esas críticas constructivas (es decir, no justo después de que se equivocara), pero escuchaba; y mira lo que ha ocurrido: ahora es uno de los principales comunicadores del mundo en el ámbito del matrimonio y la familia. Recibe todo tipo de aprecio y con razón, porque sus palabras diarias alcanzan a millones de personas.

Dennis estaba deseando mejorar en la oración de modo que, ahora, a su mujer le resulta incluso más fácil valorarlo. ¿Cómo podría no sentirse orgullosa de él viendo cómo Dios lo ha usado? De haberse resistido a sus esfuerzos por ayudarle, habría seguido siendo un comunicador menos eficiente.

Si tu esposa puede ayudarte con la gestión del tiempo; si tu marido puede ofrecer algunos consejos para la negociación; si tu cónyuge puede ofrecer alguna apreciación de cómo puedes ser más eficiente en tu trabajo o relaciones sociales, escúchale/a. Préstale oído. Decir que podrías ser incluso más eficiente no significa que no te respete. Solo indica que todos somos humanos y que podemos hacerlo incluso mejor. Y a ti te hace más fácil de valorar. Pablo instó a Timoteo a que dejara que todos vieran su *progreso* (1 Timoteo 4.15). Cada uno de nosotros es un cristiano *que madura*, que no ha llegado aún.

Es una línea fina: quieres ser valorado/a y aceptado/a tal como eres (un deseo comprensible), ¿pero no quieres mejorar también para poder ser valorado/a de un modo incluso más *auténtico*? Cuanto más escuchas a tu cónyuge, más facilitas que tu cónyuge te valore.

Vivir a lo grande

La historia de Dennis destaca otro aspecto de convertirse en alguien más valorable: vive con un propósito fuera de sí mismo. Lo mejor que puedes hacer para aumentar tu estima ante los ojos de tu cónyuge es ofrecerte a Dios y empezar a vivir para los demás. Cuando compartes dones y talentos con otros, resulta inspirador. Cuando alguien te inspira, es más fácil valorarlos.

N. T. Wright habla de un talentoso estudiante de arte en Oxford que se convirtió, y sus tutores lo menospreciaron por ello. Más adelante empezó a pintar iconos abstractos tan espectaculares y brillantes que aquellos mismos tutores empezaron a entusiasmarse por su fresca creatividad. En un sentido, empezaron a valorarle más como estudiante. Esperó hasta ver los resultados antes de decirles que sus nuevas pinturas eran, en realidad, iconos inspirados por su nueva fe.[26] No estaba pintando por ser importante o admirado; lo hacía para llevar al mundo la consciencia de Dios. Eso es fácil de valorar, lo hagas impartiendo una clase de historia, siendo un oficial de policía, consejero orientador de la escuela secundaria o el propietario de un pequeño negocio. No hagas que tu vocación solo tenga que ver contigo; piérdete en la imagen panorámica del alcance del mundo por parte de Dios, en el rincón que te haya confiado.

Lo que quiero valorar en mi esposa no es la belleza que se marchita, la fama mundial, la seguridad económica o el respeto de la sociedad. Valoraré a una mujer que se dedique a su familia, a su Dios, a marcar la diferencia en la eternidad. Una mujer que adore en lugar de preocuparse. Una mujer que sea deliberada y centrada y no solo ocupada. Una mujer que busque la paz, la humildad, la amabilidad y la paciencia más que la comodidad y la riqueza. Una mujer que busque la divulgación de la fe en lugar de manipular la riqueza. Una mujer que impresione a los demás con la verdad del evangelio en lugar de hacerlo con su apariencia.

Esta es una mujer fácil de valorar, porque vivir para Dios y después para los demás es algo noble. Es inspirador. Es algo para celebrar.

Una oración santa es «Dios, te ruego que empieces a usarme. Tú me creaste con un propósito. Me salvaste para una misión. Ayúdame a entenderla y a empezar a cumplirla».

Una de las cosas prácticas de esto es que les proporciona a ambos algo de qué hablar y sobre lo que orar. El ministerio compartido logra lo mismo que el combate en los soldados o la competición en los compañeros de equipo: nos une en un esfuerzo común. No es tarea fácil permanecer fascinado el uno con el otro —somos demasiado comunes y nos vamos familiarizando mucho el uno con el otro—, pero no es menos emocionante ver a Dios moverse entre su pueblo. Dios no es común, y sus caminos creativos nunca se vuelven demasiado familiares. Nuestro corazón nunca pierde la maravilla de verle moverse una vez más. Si te sientes apático en tu matrimonio, la cura es por lo general buscar más de Dios. Una de las mejores cosas que puedes hacer para renovar o revivir un matrimonio es empezar a centrarte en la obra de Dios, fuera de tu matrimonio. Si no tienes sensación de llamado o de misión de parte de Dios, tu primer paso al convertirte en una persona más fácil de valorar es buscar a Dios y hallar un lugar para empezar a servir.[*]

Considera a tu cónyuge

Esposas, en un capítulo anterior hablamos a sus maridos sobre valorar su cuerpo y sobre orar para que Dios las convierta en su estándar de belleza. A las mujeres les suele encantar que les hable a sus maridos sobre esto. Este es el asunto: si quieres facilitarle las cosas para que él actúe así, tienes que considerar algo de lo que le atrajo hacia ti.

Señores, si su esposa se enamorara de un fanático del mantenimiento físico, que cambiara los ejercicios de cardio por nachos, no podemos esperar que ella no se dé cuenta. El aumento de peso es inevitable para la mayoría de nosotros. Existen unos pocos fenómenos de la naturaleza que consiguen engañar a la fisiología normal, pero si nuestro cónyuge nos escogió a nosotros/as como personas que, al menos, valoraban el ejercicio físico y que estaban comprometidas en general en la vida, y

---

* En *A Lifelong Love* [Un amor de por vida], hablo sobre las parejas que descubren su misión en un capítulo titulado «Got Mission?». Dennis y Barbara Rainey tienen un capítulo excelente, «What Is Your Destiny?» en su libro *The New Building Your Mate's Self-Esteem* [El nuevo desarrollar la autoestima de tu cónyuge] (Nashville: Nelson, 1995, pp. 219–34). Si estás luchando con cómo definir y entender tu misión, mira esos capítulos.

Valorar

después nos hubiéramos convertido en alguien casi por completo diferente, un/a teleadicto/a que se retira constantemente de la vida, estamos imponiendo unas demandas enormes sobre su caridad.

Una vez casados, nuestro cuerpo ya no nos pertenece por completo. Si queremos ser valorados, deberíamos aferrarnos a esta realidad como una confianza en lugar de fijar nuestras razones y decirle a nuestro cónyuge que lidie con ello.

No podría decirte cuántas veces he oído la historia: chico conoce a chica de larga cabellera suelta; se enamoran; tienen un bebé o dos; y después ella le sorprende con ese «lindo» corte de pelo que entusiasma a todas sus amigas.

Es práctico y fácil de cuidar. Es *adorable*.

Y la primera vez que su marido lo ve, aun siendo un maestro jugando al póquer, no puede ocultar su decepción.

¿Acaso importa mucho que cada una de tus amigas, tu madre y tus hermanas concuerden en que el cabello más corto es tan maravilloso, cuando tu marido intenta ocultar su decepción? No estoy diciendo que todos los hombres se sentirían así. Tal vez a tu marido, en particular, le encante el pelo más corto. Tampoco estoy afirmando que tenga que escoger.

No estoy diciendo eso.

A lo que *me* refiero es a esto: ¿cuánto pensamiento le estás dedicando al hombre que se enamoró de ti y de tu aspecto?

Durante años, luché contra el patrón de la calvicie masculina, pidiéndole siempre a mi esposa que me hiciera saber cuándo era el momento de admitir la derrota, y llevarlo rasurado. Un hombre empezó a hablarme hace una década sobre lo buenos que son los peluquines actuales, pero creo que con el tiempo se llega a notar cuando alguien toma ese camino, y me resulta difícil reconciliar el intentar comunicar la verdad de Dios al mundo cuando mi cabeza es una mentira.

Finalmente, una mañana Lisa me miró y me dijo: «Gary, ha llegado el momento».

Me gustaba tener cabello. Me encantaba la sensación y el aroma del champú. Pero Lisa me mira la cabeza con mayor frecuencia de lo que yo lo hago, así que *ese día* fui y me lo rasuré.

Por tanto, esto no es tan solo algo que tiene que ver con ustedes, señoras. No puedo engañarme. Siendo todas las cosas iguales, la inmensa mayoría de las mujeres (incluida mi esposa) preferirían a un hombre con cabello. Hay cosas que no podemos cambiar. Pero podemos ser sensibles a las cosas que *podemos* cambiar. Cuando la enfermedad o la edad obliga a un cambio radical de aspecto, los cónyuges maduros, piadosos, aumentarán su afecto y su valoración. Me estoy refiriendo a la *actitud* y no a lo exterior. Aunque no podemos detener muchos de los efectos del envejecimiento, podemos al menos tomarnos a pecho las preferencias de nuestros cónyuges y facilitarles el valorar nuestro aspecto.

Suplir la necesidad

Una de las formas más rápidas de aumentar el deseo de tu cónyuge a la hora de valorarte es descubrir una necesidad y suplirla.

Podrías describir como emocional el lazo que me une con mi iPad. Viajé durante años sin una, y cuando salió el primer modelo, pensé que no era más que un juguete. Un par de años más tarde compré una y descubrí cuánto más fácil es usar una cuando se habla en vez de notas en papel. También es mucho más fácil

Valorar

comprobar el correo electrónico en ella que encender un portátil y el mapa de aplicaciones funciona especialmente bien para
este hombre víctima del desafío direccional, con pantalla que mis
ojos envejecidos pueden ver realmente. ¡Buenas noches! Casi me
enamoro, si esto es posible con un aparato electrónico.

Cuando algo suple una necesidad, se le suele valorar.

Una vez quedó vacío nuestro nido, Lisa empezó a trabajar
de un modo mucho más activo con lo que yo hago. Durante un
periodo de tiempo, no tuvimos a nadie que supervisara nuestra página web, y yo tengo un conocimiento técnico muy poco
avanzado. Cada día me sentía vulnerable, pero las personas que
contratamos seguían renunciando, y sencillamente no tenía
tiempo de descubrir quién podría trabajar conmigo. Yo viajaba
solo, muchas veces trabajaba trece o catorce horas al día cuando
estaba en Houston, y siempre pretendía llegar a un arreglo más
permanente de la página web, pero no lo conseguía.

De modo que vivía con una vulnerabilidad extrema. Podía
despertarme cualquier mañana y la página no funcionaba; yo
me sentía tirado.

Finalmente, alrededor de un mes después, Lisa dio un paso
adelante y encontró una solución extraordinaria: me dijo que
habían hecho una copia de seguridad de la página web para que
si se bloqueaba no se perdiera nada.

«¿Quieres decir que se supone que hay que respaldarla?»,
pregunté, cayendo en la cuenta de que, por primera vez,
habíamos sido mucho más vulnerables de lo que pensaba.

La forma en que Lisa intervino calentó mi corazón de
mediana edad como ninguna otra cosa podría haberlo hecho.
Yo tenía una gran necesidad, ella la suplió, y yo me sentí extremadamente agradecido.

216

¿Quieres ser valorado/a? Halla una necesidad como esta y súplela. Apunta tres frustraciones contra las que tu cónyuge luche. ¿Qué puedes hacer para aliviarlas? Ayuda a establecer una fecha tope.

_____

_____

_____

Déjate ser valorado/a

Algunos/as de ustedes dificultan que su cónyuge les/las valore, porque no se permiten ser valorados/as. En realidad, si eres así, todo lo que he dicho en este capítulo puede ser realmente *perjudicial*. Entras en una categoría totalmente distinta: los que necesitan rendirse a la verdad espiritual de que eres valorable tal como eres.

Mi amigo, el doctor Steve Wilke, ha pasado más de treinta años aconsejando a matrimonios y familias. Estima que en torno a un tercio de las parejas en las iglesias de hoy tienen, al menos, un cónyuge que ha experimentado algún tipo de trauma que los hace sentir indignos de ser valorados. «Una de las estrategias de Satanás consiste en sacar al individuo del camino donde recibir la gracia y el amor de Dios y, por definición, el amor de todos los demás», afirma Wilke.

Otra forma de expresarlo es que Satanás quiere que tu sufrimiento *dure*. Quiere alargarlo. Desea tomar algo terrible que te sucedió en el pasado y convertirlo en algo terrible que te roba el gozo y la paz en tu presente y en tu futuro.

Según el doctor Wilke, «podría ser un trauma de la infancia, de la adultez o incluso un TEPT del campo de batalla».

Megan había tenido un matrimonio de once años en el que había sido seriamente maltratada emocional, mental, sexual y físicamente. «Pensé que por ser mujer, era una ocurrencia tardía de Dios, usada, no amada, no valorada y sin importancia, que merecía los malos tratos».

Cuando conoció a David, quien se convertiría en su nuevo marido, al principio pensó que era demasiado bueno para ser cierto. «Por culpa de los malos tratos sufridos a manos de mi exmarido, en realidad no confiaba en que un hombre pudiera mostrar afecto y honra hacia una mujer sin querer algo a cambio».

A principios de su matrimonio con David, Megan saltaba algunas veces cuando David la tocaba, asustada de que solo quisiera utilizarla (o, lo que era igual de malo, hacerle daño). Él creía que «Megan tenía una profunda capacidad de amar y ser amada, pero que había sido pisoteada y aplastada en su anterior matrimonio, y permitir que todo volviera a la superficie de nuevo no iba a resultarle fácil. También podía afirmar que la espera merecería la pena».

David sobresalía en su valoración de Megan, dedicándole mucho tiempo, un suave contacto, aceptación y palabras dulces. No esperaba que Megan «superara» sin más su pasada experiencia, así que no se tomó sus estremecimientos como algo personal. Suavemente le aseguró que no pensaba nada malo de ella por su forma involuntaria de reaccionar, a la vez que la tranquilizaba respecto a que nunca le haría daño ni la usaría de forma deliberada.

Él también valoraba a Megan apreciando sus pensamientos. Según ella: «Él empezó a mostrarme que mis pensamientos son valiosos e importantes y que valora mi aportación. Él y yo tuvimos largas conversaciones sobre quién soy y en quién me estoy convirtiendo. Con el tiempo descubrí que quería tener más educación, iniciar una entidad sin ánimo de lucro y tener un trabajo que me permitiera ofrecer bondad y misericordia a las personas que sufrían».

Una noche particularmente relevante tuvo lugar en un restaurante llamado «The Rock». De las paredes colgaban viejos álbumes y pósters de conjuntos de rock de todas las épocas, y la música sonaba de fondo. A Megan le encantan los tallarines de calabacín («saludables, especiados ¡y deliciosos!»), y eso fue lo que estaba comiendo cuando David soltó su tenedor y le recordó pacientemente que no tenía que luchar tanto por ganarse su amor. «Eres hermosa tal como eres, y solo quiero pasar tiempo contigo».

A Megan le resultó abrumador escucharlo. La aceptación de David, que quisiera estar con ella, que disfrutara de ella en lugar de sentirse decepcionado, y hasta el considerar el tiempo que pasaba con ella como un regalo eran realidades extrañas para ella, ¡pero tan curativas y maravillosas!

«David me pidió que dejara de trabajar tanto y que me limitara a ser. Nunca olvidaré esa conversación».

Como marido, David cree que se beneficiaba grandemente de la restauración espiritual de Megan. «Algún tiempo más tarde, después de que nos casáramos, las cosas incluso mejoraron para nosotros como pareja, ya que ella podía ver realmente que era valorada de verdad. Creo que parte de la diferencia se debía a que había vivido un par de años siendo realmente apreciada y valorada a diario. En lugar de desear su total confianza en mí, pudo confiar en mí basándose en esta valoración práctica y sistemática que yo intentaba demostrarle con tanta deliberación.

Realmente creía que era hermosa para mí. Pudo ver que era valiosa en mi vida y en la de tantas otras personas. Ahora era evidente para ella que el Señor tenía un alto plan para ella, y que su vida no era tan solo un accesorio para otra persona. Cuando empezó a ver su valía real y que yo, como persona y como marido suyo, era de verdad mejor persona por quien ella era, nuestra relación llegó a otro nivel en términos de intimidad, gozo y contentamiento mutuo».

La aceptación y la valoración de David abrieron una puerta para que Dios también le hablara de su amor a Megan. «Al amarme David tal como soy y donde estoy, empecé a comprender el amor de Dios hacia mí, incluso en mis tiempos más oscuros. Empecé a florecer en nuestra relación y dejé de intentar ganarme el amor de David y el de Dios. Soy importante para Él, y soy una prioridad».

«Nunca olvidaré cuando David me dijo que yo era una prioridad para él. Lloré cuando dio un paso más y afirmó: "Megan, no solo eres *una* prioridad; eres *la* prioridad". ¡Esa declaración pareció liberar mi misma alma! Creó que empecé a remontar el vuelo ese día.

»David me valora. Dios me valora. Cuanto más entiendo el profundo y generoso amor de David, más capaz he sido de comprender el evangelio. Cuanto más entiendo de este, más puedo aceptar el amor de David. Solo tengo un Salvador y un Redentor. Pero por las formas en las que David me amaba, me proporcionó un entendimiento más profundo del Padre-Amigo que adora a su niña».

David afirma: «Tenemos un matrimonio maravilloso que sigue creciendo en amor, confianza e intimidad como no hemos experimentado nunca en nuestra vida. Es un proceso y, a estas

alturas, Megan me permite que la valore y la bendiga sin sentirse culpable por ello ni preguntarme por qué hago esto por ella.
Sabe que quiero amarla de esta forma, que es digna de ello y que
se lo merece».

No demasiado bueno para ser cierto

La gracia, la aceptación y la afirmación de Dios frente a nuestro
estado caído y nuestra rebelión parece, en ocasiones, demasiado
bueno para ser cierto; sin embargo, todos estos dones divinos son
verdaderos. Hemos de aceptarlos si queremos que nuestro cónyuge nos valore. A veces odio ser un marido imperfecto. Mucho
más, aborrezco no ser capaz de escoger qué debilidades manifiesto: «Está bien, Dios, pecaré así, pero no de esta otra forma».
¡Ojalá!

Si creemos que Dios no ama al ser imperfecto que somos,
jamás permitiremos que nuestro cónyuge lo haga.

Muchos/as de ustedes han sido heridos/as, pero la gracia de
Dios es el remedio para hacer que ese dolor forme parte de un
doloroso pasado en lugar de una realidad presente. Dejen que
el perdón, la afirmación y la aceptación de Dios les lave para
que puedan recibir la valoración de su cónyuge como reflejo del
favor divino.

El rey David, un orgulloso adúltero y asesino, seguía entendiendo el *deleite* de Dios. Pronunció estas dos declaraciones:

- «También me sacó a un lugar espacioso; me rescató,
  porque se complació en mí» (2 Samuel 22:20, NBLH,
  cursivas añadidas).

- «Engrandecido sea el Señor, *que se deleita en la paz de Su siervo*» (Salmos 35.27, NBLH, cursivas añadidas).

Y en Efesios 5.1, el apóstol Pablo define a los seguidores de Cristo como «hijos muy amados».

Solo recibiendo la aceptación divina de Dios puedes recibir la de tu cónyuge. El deleite de Dios en ti no se basa en tu conducta; ni por asomo. Con frecuencia nos consuela más cuando le hemos apartado a un lado. Tampoco se fundamente su deleite en una bondad innata o en nuestra propia agradabilidad; ¡qué chiste! Se funda en nuestro Abogado, Jesucristo. Psicológicamente, ninguna otra cosa funciona. La mayoría de nosotros no podríamos convencernos de que somos dignos de ser lo bastante amados, buenos o respetables por naturaleza para que nuestro cónyuge pueda valorarnos en todo momento. ¡No me estoy haciendo ilusiones! Sin embargo, cuando «entendemos» el evangelio, cuando recibimos la herencia espiritual del perdón, de la redención y de la aceptación que sigue, podemos aprender a rendirnos a la idea de ser valorados.

Ora estas palabras en voz alta: «Señor, me rindo a ser valorado. Tu Palabra declara que te deleitas en mí. Lo recibo. Tu Palabra afirma que soy un/a hijo/a muy querido/a. Acepto tu declaración veraz sobre mi equivocado autodesprecio. Me rindo al pensamiento de que valores al ser imperfecto que soy, por causa de Jesús».

Recibir esta aceptación alimenta nuestro asombro ante la gracia de Dios. Soy un desastre, pero se me recuerda de un modo maravilloso que Dios ha hecho provisión para mis errores. Estoy demasiado ocupado, independiente, necesitado y arrogante. Dios lo trae a la mente y, sencillamente, una vez que el arrepentimiento ha hecho su obra, declara: «He cubierto ese pecado; déjalo atrás y empecemos de nuevo».

Cuando se vive en la gracia, la vida se convierte en un no salir del asombro: «¿También tienes esto cubierto? ¿Y *aquello*? ¡Vaya! ¿Tu gracia se extiende hasta *aquí*, incluso en mi mediana edad, cuando debería saber más? Es asombroso. ¡Es absolutamente asombroso! ¡En lugar de sentirme mal por cómo soy, me siento tan bien por cómo es Dios!

Valorar es vivir en la gracia de Dios, ser cubierto por ella y compartir en ella. Es caminar maravillándonos de que la gracia divina sea lo suficientemente amplia, alta y profunda para cada uno de nosotros.

Cónyuge impulsado por la culpa, te ruego que le permitas a tu esposo/esposa que te valore. ¡Es la actitud «cristiana»!

VALORAR EL VALORAR

- Si queremos ser valorados, una de las formas más efectivas es admitir humildemente que necesitamos madurar en los ámbitos que le facilitaría a nuestro cónyuge el valorarnos.

- Las debilidades de nuestro carácter y nuestras rarezas afectan a nuestro cónyuge más que ninguna otra cosa, y esto hace que sus opiniones y preferencias sean más importantes que nadie. Esto no significa que nos inclinemos ante los deseos patológicos o deshonestos, por supuesto, pero sí que en lugar de insistirle a nuestro cónyuge para que aguante, demostremos compasión y procuremos tratar esos defectos.

- Es necesario que escuchemos las suaves correcciones de nuestro cónyuge.

- Nos volvemos más valorables cuando vivimos la vida a lo grande. Cuanto más egoísta somos, más difícil se lo ponemos a nuestro cónyuge para que nos valore.

- Si quieres que tu cónyuge te valore más, descubre una necesidad y súplela.

- Recuerda a la persona de la que tu cónyuge se enamoró; considera sus preferencias antes de realizar un cambio radical.

- Algunos de nosotros no nos sentimos valorados por nuestro cónyuge, porque no nos permitimos sentirnos apreciados por él/ella. Es una enfermedad espiritual que requiere un mayor entendimiento y experiencia de la gracia de Dios.

Preguntas para el debate y la reflexión

1. Sé sincero: enumera en una lista tres cosas que hacen que a tu cónyuge le resulte difícil valorarte. ¿Estás tratando esas cuestiones o solo le estás pidiendo a tu esposo/a que las aguanten?

2. ¿De qué formas han producido gran estrés a tu cónyuge los defectos de tu rareza y tus rarezas?

3. Piensa en la última vez que tu cónyuge te corrigió. Dejando a un lado la pregunta de si lo hicieron de la forma correcta, ¿estuviste abierto/a a recibirla o te pusiste a la defensiva?

4. ¿Estás viviendo una vida ordinaria, centrada en preocupaciones egoístas? ¿Cómo podrías empezar a vivir a lo grande? ¿Has considerado atentamente cómo tus talentos únicos y tu personalidad pueden manifestar el amor de Dios y su luz al mundo?

5. Vuelve a la lista de las tres necesidades que tu cónyuge tiene ahora mismo. ¿Qué puedes hacer en las próximas semanas para tratarlas?

6. En lo que respecta al aspecto físico, ¿eres sensible a las preferencias de tu cónyuge?

7. ¿Estás haciendo que a tu cónyuge le resulte difícil valorarte, porque sientes que eres indigno de ello? ¿De qué forma podría ayudarte a madurar en este ámbito un mejor entendimiento del evangelio? Pídeles a otros que te recomienden libros que les haya ayudado a pensar de un modo más bíblico en este ámbito.

CAPÍTULO 13

Poder bíblico para seguir valorando

Cómo entender la verdad sobre la gracia de Dios nos proporciona la motivación y el poder de seguir valorando a nuestro cónyuge

«No hueles mal a pesar de ser una chica gorda».

Sí, eso fue lo que dijo el padre de Julie.

Que conste que Julie no está gorda. No es delgada, pero ningún entrenador personal ni ningún médico la catalogarían así. Es probable que su padre tampoco lo pensara; era tan solo una forma supuestamente «graciosa» de recordarles a sus hijas que tuvieran cuidado, que siempre bordeaban el límite de no ser lo bastante buenas.

La marcialidad y la opinión de su padre respecto al amor duro significaban que se esperaba que destacaran y que pertenecer a la media era fracasar. Según como lo veía su padre, cabía la misma posibilidad de que una de las hermanas de

Julie fuera arrestada o que trajera una «C» a casa en el boletín de notas.

La relación entre la madre y el padre de Julie podría caracterizarse por el temor y la dependencia. Jamás cuestionaría a su marido, sus palabras ni sus decisiones. Sus hijas no tenían protección alguna contra las expectativas de su esposo.

Sobra decir que Julie nunca se sintió valorada mientras crecía. Es inteligente, atractiva e ingeniosa, pero durante décadas vivió al borde de un precipicio sin una red de seguridad para atraparla; si decepcionaba a sus padres, si no vivía al máximo de sus posibilidades, caería en el fracaso (y, por tanto, en la insignificancia), sin nadie que la recogiera.

Entonces conoció a Jeff y se casó con él.

Cómo se convirtió en su padre

El corazón de Julie volvió a despertar, por fin, cuando Dios le dio un hijo que no estaba a la altura de sus hermanas. La hija mayor de Julie podría ser presidenta de Estados Unidos algún día. Es probable que su hija se encargue de Ford Motors. ¿Y su hijo Brent? Tiene la misma ambición de un jubilado que posee una tienda de tarjetas de béisbol.

Para colmo de males, a Julie, Brent le recuerda a Jeff. Este es un buen hombre que ama al Señor y que provee bastante bien para la familia, contribuyendo a los ingresos de la familia tanto como Julie. Pero no necesita estar a cargo. No tiene necesidad de ponerse a prueba corriendo maratones. No le importa conducir un auto de diez años. Tampoco le preocupa si la casa necesita unos cuantos arreglos. Él es más relacional y considera que la casa es un lugar donde relacionarse con los seres amados, no un sitio para impresionar a los invitados.

Fue lo primero de Jeff que atrajo a Julie. A ella le encantaba ser aceptada y adorada de manera incondicional, y notó en él una paz, un contentamiento y un descanso espiritual del que ella se alimentó.

Hasta que se casaron.

Desde ese momento, Jeff ya no podía hacer casi nada bien.

Julie empezó preguntándole si quería recibir más educación. «¿Por qué?», preguntó Jeff. También podría haberle preguntado si quería teñirse el cabello de color naranja. Sonaba igual de raro.

Entonces empezó a mencionarle otras oportunidades de empleo. «Pero me gusta la gente con la que trabajo», respondió Jeff. «Y me gusta mi jefe».

Julie aceptó por fin que Jeff estaba satisfecho y hasta feliz con una vida tranquila, pero su hijo, Brent, no seguiría los pasos de su padre de ninguna de las maneras.

Hasta que lo hizo.

Brent es la copia de su padre en temperamento y aspecto físico, así que Julie se propuso «salvarle» de la influencia de Jeff y ayudar a Brent a vivir al nivel del potencial de sus hermanas.

Fue necesario que una amiga le abriera los ojos a Julie. «Julie», le dijo su amiga un día. «¿Sabes cuántas esposas te envidian? Jeff es serio, amable y atento. Ha ayudado a tantas personas, y las hace sentir mejor consigo mismas mientras lo hace. Lo que le falta en ambición e ingresos quedan más que cubiertos por su integridad, su fe, su forma de identificarse con los demás y amistad. Si intentas convertir a Brent en una de tus hijas, le vas a estropear. El mundo sería bendecido si tuviera otro Jeff; y, francamente, con dos como tus hijas es probablemente bastante».

La amiga de Julie fue más amable, más atenta y más moderada de lo que yo he sido aquí, al transmitirle lo que pensaba; pero Julie entendió finalmente la idea: se estaba convirtiendo en su padre.

La amiga de Julie habló, comunicando compasión con su voz:

—Julie, has sido cristiana toda tu vida. Sin embargo, no creo que hayas comprendido jamás el evangelio.

—¿De qué estás hablando? He estado en la iglesia toda mi vida.

—Puede ser, ¿pero sabes realmente lo que significa el evangelio? Te lo estoy advirtiendo: Brent y Jeff no se sentirán amados y aceptados por completo por ti hasta que tú aprendas a permitirte ser amada y aceptada por Dios.

La gracia nos resulta tan extraña, tan sobrenatural y, al parecer, tan contraria a la lógica que hasta que la recibimos de Dios no podemos dársela a otros. Al vivir en un mundo caído, nos resultará muy difícil y, en ocasiones, incluso imposible de valorar a otros si no recibimos primero la gracia, que es la forma en que Dios nos valora. La gracia es la gasolina que alimenta el motor que dirige nuestra capacidad de valorar a nuestro cónyuge.

Tres verdades

Si no estás familiarizado con la palabra *evangelio*, significa que todos somos pecadores, invitados por medio de la bondad y la generosidad de Dios a ser reconciliados (llevados a una relación correcta) con Él y ser salvos de la justa ira de Dios (porque nos rebelamos, no le reconocimos, fuimos por nuestro propio camino y provocamos gran desdicha a Dios y a otros), por medio de la muerte y la resurrección aplicadas de Jesucristo. No es algo que ganemos; es algo que recibimos. Esto es lo que significa *evangelio*, «Buenas Nuevas». (Un poco más adelante en el capítulo, hablaremos de una segunda parte importante, una «consecuencia» del evangelio).

Nuestra capacidad de valorar a nuestros imperfectos, y a veces desagradecidos, cónyuges —o incluso bueno en general, «tipo medio» como Jeff— depende de que entendamos tres verdades básicas del evangelio:

1. Cuánto se nos ha perdonado a nosotros mismos.
2. De lo que hemos sido salvados.
3. El precio que Cristo pagó para ganar esa salvación.

A algunos de ustedes esto les sonará muy religioso. A otros les parecerá demasiado familiar: «Eso ya lo sé. He oído predicar esto toda mi vida». Pero lo que denominamos el mensaje del evangelio es la ayuda más práctica para nuestro matrimonio que puedas encontrar jamás. También es algo que se nos tiene que recordar casi cada hora de cada día si queremos seguir valorándonos el uno al otro.

No estamos empoderados para valorar si reconocemos el evangelio sencillamente como una verdad histórica. Tiene que ser el oxígeno espiritual que respiramos momento a momento. Es una verdad sumamente poderosa y nosotros somos vasos con fugas; esto hace que esa verdad, que parece ser simple, de vivir con ese entendimiento puede hacer que este capítulo sea el más impactante, útil y práctico.

Si no procuramos que esta verdad nos recargue a diario, creo que perderemos el poder y la motivación de valorar con gran intensidad. Esto no es una opción para la mayoría de los creyentes; por otra parte, esto es más parecido a respirar. Tan pronto como exhalamos, ya estamos inhalando de nuevo.

Si comprendes lo pecaminoso que eres, si de verdad entiendes el oscuro destino que te aguarda por culpa de tu pecado, si pudieras vislumbrar tan solo tres segundos del angustioso precio que Cristo pagó para darte algo que no solo estaba libre de dolor, sino que era glorioso y rico, servirías a los demás con gozo durante el resto de tu vida y sonreirías al hacerlo. Cuando amas a un hijo o una hija de Dios, no le estás haciendo un favor a Él. Él te lo hizo *a ti*. Lo que tú estás haciendo no es nada en comparación.

El cristianismo práctico, ese que se vive en las calles, podría reducirse (no del todo, pero casi) a esto: porque Cristo me sirvió, ahora yo te sirvo a ti.

Si no entiendes tu deuda espiritual y tu condición espiritual original, no comprendes tu salvación. Si no entiendes lo que mereces de verdad, nunca dirás «No merezco esto» como queja; esas palabras solo se pronunciarán como exclamación asombrada de gratitud.

«Pero no soy tan malo», podrías replicar. Es como una estrella de baloncesto en la escuela secundaria que se siente bien consigo mismo, porque nunca ha jugado contra Stephen Curry. Santiago creció con Jesús y esa estrecha proximidad le llevó a esta conclusión: «Todos fallamos mucho» (Santiago 3.2).*

---

* Los protestantes creen que María era la madre de Santiago, así que este creció en la misma casa que Jesús. Los católicos romanos suelen creer que Santiago era un primo. Comoquiera que fuese, compartieron su infancia en estrecha proximidad.

Como había visto la excelencia moral de Jesús de primera mano, Santiago no podía fingir ser «bueno». Ver a Dios en acción le hizo darse cuenta de lo lejos de la perfección que (él y todos nosotros) estaba en realidad. Todos nosotros, hasta el mejor en nuestros mejores días, «fallamos mucho». (En contexto, Santiago se está refiriendo a maestros y líderes).

El acto de ganarnos y recuperarnos de nuestros fallos no implicaba que Jesús chasqueara sus dedos, recitara un hechizo y lo corrigiera todo. Había que pagar un precio. Jesús, que era sin pecado, se convierte en pecado por nosotros. No podemos entender la angustia espiritual de ese sacrificio; una agonía tan grande que probablemente le mató antes que la realidad física de la crucifixión (la muerte más bien temprana de Jesús en la cruz sorprendió a las autoridades romanas).

Una vez aceptamos el horror de lo que Jesús tuvo que hacer, a causa de lo que nosotros no podíamos, nunca nos molestará caer de rodillas en el acto más pequeño de servicio a los demás, empezando por nuestro cónyuge.

Sin embargo, si comprendes la violenta perversidad de tu corazón al margen de Dios, la tortuosa perdición sin fin de la separación eterna de Él, la heroica, cierta y costosa victoria de Jesús sobre el pecado y la muerte que te ha sido dada por gracia, buscarás formas de mostrar tu amor de un modo extraordinario.

Porque Cristo me sirvió, ahora te sirvo.

Con alegría.

Con gozo.

Sin que te moleste el precio.

Si dedicas cada segundo del resto de tu vida a servirle, no te acercarás ni por asomo a devolver el precio de la deuda que Él pago por ti.

Como Julie creía haber ganado el ser aceptada por el camino difícil, pensaba que otros también tenían que conseguir la suya del mismo modo. En su mente, no les estaba pidiendo a los demás nada que no se hubiera exigido a sí misma.

¡El problema es que sus estándares eran demasiado bajos! Creía que una disciplina superficial y la ambición demostraban la valía propia. Estaba ciega al hecho de que no ser capaz de valorar y apreciar a una persona tranquila, una persona que estuviera sufriendo o alguien con menos talentos traiciona una grave falta de carácter.

Fue a través del programa de Viernes Santo «Through the Steps with Jesus» [Paso a paso con Jesús] en su iglesia, el corazón de Julie despertó. Caminar por una habitación que representaban las etapas de la Semana de Pasión la ayudó a comprender las profundidades del sacrificio de Cristo. Sentada en un santuario oscurecido, vio la verdadera fuente de su aceptación y, bajo esa luz, consideró su incapacidad para apreciar a su esposo y su hijo como un pecado. Se vio transmitiendo el pecado de su padre al hacer que sus hijas ganaran su amor. Cuando llegó a la estación donde los participantes escriben sus pecados y los clavan a la cruz, algo se rompió dentro de Julie.

Lloró. Todos esos años de intentar ganar algo que Jesús ya había comprado. Todos esos años de poner a sus hijas en la misma cinta de andar que le había hecho sentir a ella que su infancia era como la rueda sin fin de un hámster. Cuando leyó las palabras «consumado es», pronunciadas por Cristo en la cruz, por fin entendió la parte del «se ha acabado». A ella no le quedaba ya nada que hacer. Y esto significaba que su marido no tenía que hacer nada más. Y tampoco su hijo, Brent.

Reina la aceptación.

La valoración podía empezar.

Un mensaje nuevo

Gran parte de la filosofía griega temprana consideraba la misericordia y la compasión como debilidades. Se consideraba a quienes eran compasivos como exageradamente sentimentales y suaves. Jesús vino como la encarnación viva de la compasión y la misericordia, estableciendo para siempre un nuevo estándar de lo que eran en verdad la madurez y la fuerza.

La cruz les pareció una derrota a muchos del mundo del siglo I, aunque fue la mayor victoria jamás lograda.

Jesús era diferente.

En primer lugar, enseñó una vida de dependencia: «Ciertamente les aseguro que el hijo no puede hacer nada por su propia cuenta, sino solamente lo que ve que su padre hace» (Juan 5.19). Y para nosotros, Jesús declaró: «El que permanece en mi, como yo en él, dará mucho fruto; separados de mí no pueden ustedes hacer nada» (Juan 15.5).

Jesús vivió una vida de compasión. Sobre Él, Marcos escribió: «Tuvo compasión de ellos, porque eran como ovejas sin pastor» (Marcos 6.34).

En respuesta a la crítica de los fariseos, Jesús proclamó la superioridad de la misericordia: «Misericordia quiero y no sacrificio» (Mateo 9.13, RVR1960).

Jesús convirtió el evangelio de la misericordia y de la gracia en el estándar para las relaciones. Tenemos que depender de

Dios para recibir gracia cada día, porque su gracia produce compasión, y la compasión nos empuja hacia la misericordia.

Nunca dejamos de ser dependientes. En el momento en que nos vemos como espiritualmente autónomos, perdemos la compasión y cuando esto ocurre, perdemos la misericordia. Cuando dejamos de sentir misericordia, perdemos la capacidad de seguir valorando a un cónyuge imperfecto.

Esto es una guerra mental. «Transfórmense mediante la renovación de su mente», escribe el apóstol Pablo (Romanos 12.2, NBLH). Por esta razón debemos recordarnos a nosotros mismos el evangelio cada día; con frecuencia, muchas veces al día.

Pagar mi deuda

La parábola de un hombre al que se le perdonó una gran deuda, y que después mandó encarcelar a otro que le debía a él poco dinero, nos señala dos cosas: (1) no podemos pagar nuestras propias deudas, pero (2) una vez Dios abona lo que nosotros debemos, tenemos que perdonar a otros.

Recibimos gracia y, entonces, damos gracia.

Sin embargo, más que un deber, la verdad del evangelio es la entrada a lo que es ciertamente una vida *gloriosa*. Esto eleva nuestro matrimonio a un nivel totalmente nuevo. Pablo describe la gloria de lo que podríamos definir como «matrimonio del evangelio» en Tito 3. Y, créeme, esta es la clase de matrimonio que quieres.

Pablo pinta una imagen de cómo es y cómo no es valorar. Es un fuerte contraste. En contexto, esto no trata de forma específica el matrimonio y la vida familiar, sino que es una aplicación justa que hay que leer teniendo la familia en mente:

Recuérdales... que estén preparados para toda buena obra. Que no injurien a nadie, que no sean contenciosos, sino amables, mostrando toda consideración para con todos los hombres. Porque nosotros también en otro tiempo éramos necios, desobedientes, extraviados, esclavos de deleites y placeres diversos, viviendo en malicia y envidia, aborrecibles y odiándonos unos a otros. Pero cuando se manifestó la bondad de Dios nuestro Salvador, y Su amor hacia la humanidad, El nos salvó, no por las obras de justicia que nosotros hubiéramos hecho, sino conforme a Su misericordia, por medio del lavamiento de la regeneración y la renovación por el Espíritu Santo, que El derramó sobre nosotros abundantemente por medio de Jesucristo nuestro Salvador, para que justificados por Su gracia fuéramos hechos herederos según la esperanza de la vida eterna. Palabra fiel es ésta.

Tito 3.1–8, NBLH

El poder de valorar empieza entendiendo el mensaje del evangelio de «la bondad de Dios nuestro Salvador», quien nos salvó «no por las obras de justicia que nosotros hubiéramos hecho, sino conforme a Su misericordia» y que nos ha dado «la renovación por el Espíritu Santo».

Sin embargo, una segunda parte clave del evangelio suele quedarse fuera. Según 2 Corintios 5.15 (cursivas añadidas), es esta: «Y él murió por todos, *para* que los que viven ya no vivan para sí, sino para el que que murió y resucitó por ellos».

El evangelio no solo trata de ser perdonado; también tiene que ver con recibir una nueva vida y aprender a vivir con una nueva motivación, impulsar la obra que Cristo ha empezado rehaciendo el mundo; es lo que podríamos denominar la parte de «la valoración aplicada». Es inconcebible para Pablo y los escritores bíblicos que pudiéramos recibir nueva vida y la presencia del Espíritu Santo, y seguir viviendo como solíamos, con las mismas motivaciones egoístas, las preocupaciones triviales y la tendencia al egoísmo y el mal.

Consigue valoración y da valoración

La aplicación del evangelio es esta: «Nosotros amamos porque El nos amó primero» (1 Juan 4.19, NBLH). Otra forma de expresarlo es que *tenemos que adorar antes de poder obrar*. No hay otra forma. Dejar de adorar es el equivalente espiritual a aguantar la respiración. Nos debilitaremos y nos desesperaremos, más tarde o más temprano. Adorar a Dios —recordar su gracia, al Rey Jesús, la gloria en la que somos llamados a vivir— nos cambia, nos recarga, nos motiva, nos transforma. No puede haber obra sólida —ni dentro ni fuera del matrimonio— sin adoración. No valoraremos a nuestro cónyuge a largo plazo hasta ser primero valorados por Dios.

Para nosotros, apreciar la forma en que la Biblia nos dice que amemos significa que no podemos pasar veinticuatro horas sin estar en contacto con Dios para ser amados, aceptados y reafirmados o nos quedaremos sin amor para dar. Es imposible almacenar el amor de Dios cuando la vida y las relaciones nos desecan de continuo. Necesitamos aprender a dejar que la presencia valoradora de Dios fluya incesantemente a través de nosotros. Cuando Pablo nos enseña en Efesios 5.18 a ser «llenos del Espíritu», el lenguaje original va en el sentido de «déjate ser continuamente lleno del Espíritu». Es un mandamiento que permitamos que Dios nos llene de sí mismo de forma permanente.

Esto, más que ser una «imitación» de Cristo, es participación en la incesante gracia vivificante de Cristo.

En otras palabras, tan pronto como empezamos a vivir por nuestra cuenta, intentando valorar nosotros mismos, apagamos el motor de la valoración y empezamos a ir en punto muerto. Solo es cuestión de tiempo que nos detengamos.

¿Por qué es tan importante recordar el evangelio para que yo siga valorando a mi cónyuge? Me ayuda a recordar que si Dios me puede valorar y deleitarse en mí, con todas mis debilidades, inseguridades, pecados y problemas, el listón para ser «dignos de ser valorados» está bastante pegado al suelo. Cuando considero sinceramente lo irritante que sería que alguien que no sea Dios tuviera las mismas conversaciones pacientes conmigo una y otra vez, y, sin embargo, no hacerme nunca sentir que soy un aburrimiento, mis pensamientos sobre todos los demás adquieren un tono distinto.

Julie todavía no ha clavado su confesión por escrito en la cruz de esa iglesia. Lo hizo allí *mentalmente*, pero guardó el papel como recordatorio diario. Quería algo tangible para no olvidar el evangelio.

Contemplar ese papel dentro de su Biblia le hacía pensar cada día en aquello por lo que Dios la ha perdonado, en la fuente de su aceptación y en la deuda que tiene con Él. Tiene la intención de clavar el papel a la cruz en la Semana de Pasión del próximo año, cuando la iglesia celebre la misma ceremonia.

Esto es lo que Julie comprende ahora: si estás en Cristo, eres aceptado, amado, valorado por Dios, perdonado por gracia y empoderado por el Espíritu Santo, entenderás la verdad transformadora de vida de que *el Dios que valora al ser imperfecto que eres es más que capaz de ayudarte a valorar a un cónyuge imperfecto.*

Valorar

¿Cómo es?

Una vez que se acepta y se vive el evangelio, Tito 3 nos dice cómo es la vida. Esto es el matrimonio al más alto y mejor nivel. Es un matrimonio que brilla y centellea, en el que se manifiesta el valorar y ser valorado.

Primero se nos dice que estemos «preparados para toda buena obra. Que no injurien a nadie, que no sean contenciosos, sino amables, mostrando toda consideración para con todos los hombres» (Tito 3.1, 2, NBLH).

Las personas del evangelio, que han sido valoradas por Dios, viven así:

- Están preparados —ansiosos, listos, entusiastas— para toda buena obra.
- No injurian a nadie.
- Evitan de forma especial las disputas (dado que su llamado es reconciliación).
- Son amables con las faltas de los demás, como Dios ha sido y sigue siéndolo con ellos.
- Muestran consideración con todos.

Cuando te sientes valorado por Dios, resulta que quieres valorar a otros, y la lista anterior forma parte de lo que esto significa. Pablo afirma que ser valorado por Dios nos lanza a la búsqueda, prácticamente obsesiva, de hacer buenas obras. Solo en Tito 3.1–14, Pablo menciona esta búsqueda *tres veces*: «que estén preparados para toda buena obra» (v. 1), «procuren ocuparse en buenas obras» (v. 8), «aprendan a ocuparse en buenas obras» (v. 14).

Pablo está *muy* metido en las buenas obras por gracia.

Por tanto, en un matrimonio cristiano que busca valorar, marido y mujer están *preparados* para toda buena obra. Están buscando formas de bendecirse el uno al otro. Ninguno injuria a nadie, y como están listos para hacer toda buena obra, no hay *contiendas*. Esto se debe a que son *amables* y *considerados* el uno con el otro (Tito 3.2).

Antes de que pienses que he perdido la cabeza y que vivo en Marte («vamos, Gary, ¿quién vive así?»), haz una pausa y pregunta: «¿Quién *no querría* vivir en una familia como esta?».

«¿Pero cómo es posible?».

No limitándote a decidir que quieres hacerlo de verdad, sino escogiendo cada día predicarte el evangelio a ti mismo y después recordarte: «Este es nuestro estándar. No solo evitando ser malo y áspero, o no hablar mal el uno del otro, sino recordándonos a diario lo amable y bueno que Dios ha sido con nosotros; pasando tiempo con Dios para ser renovados cada día por el Espíritu Santo, para que podamos perdonarnos el uno al otro de forma sobrenatural, tratarnos con amabilidad y buscar activamente buenas obras que hacer para bendecirnos el uno al otro».

Suena como una simple formula, pero es ponderosa: predícate el evangelio a ti mismo (recibe el favor de Dios) y vive el evangelio (exprésale el favor de Dios a los demás). Este es el poder para valorar: creer y recibir el evangelio en el que somos valorados más allá de toda medida, y vivir las implicaciones de valorarse el uno al otro.

Fallarás múltiples veces, pero lo maravilloso del evangelio es que cuando fracasas, recibes gracia para ti como cuando tú se la ofreces a tu cónyuge cuando falla. No se trata de actuar bajo presión, sino más bien de obtener la libertad para madurar y poco a poco convertirte en la persona que siempre hemos querido ser: misericordiosa, amable, perdonadora y entusiasta respecto a nuestro cónyuge.

Julie empezó pidiéndole a Dios formas de hacer buenas obras para Jeff. Una tarde entró, después de estar haciendo trabajos en el jardín y ella le entregó un bono regalo para tres masajes profesionales: «Trabajas tan duro, cariño. Tal vez esto te ayudará a sentirte mejor».

Jeff no había disfrutado nunca antes de un masaje profesional. Julie tenía tendencia a ser austera con el presupuesto y siempre parecía hacerle sentir a Jeff que tenía que sacrificarse, ya que no ganaba tanto dinero como otros maridos. Gastar en un lujo solo para él era algo que ella no había hecho nunca, porque habría sido como transmitirle que estaba de acuerdo con su falta de ambición. Ella vio cómo había estado haciéndole pagar a Jeff básicamente por no ganar más.

En lugar de hacerle pagar a Jeff, quería bendecirle.

Él se quedó sin palabras. Cuando Julie vio lo conmovido que estaba, entendió lo egoísta y crítica que había sido. El mensaje no hablado siempre era «no estás dando la talla». La expresión de un práctico «gracias por ser quien eres» ministró al alma de Jeff de un modo que a ella le sorprendió.

Esto se volvió contagioso. Julie buscó nuevas formas de gastar dinero en Jeff, y cuando lo hacía, descubría que le quería mucho más. Valorarle había cambiado su corazón.

En cierto modo, Julie estaba valorando a su marido quizás por primera vez desde que se habían casado. Sí, siempre le había *amado*. Jeff lo sabía. Pero ahora Julie le estaba *valorando*. Y nunca había tenido una temporada más feliz en su matrimonio.

¿Estás poniendo cuidado en tu matrimonio y te estás dedicando a hacer buenas obras por tu cónyuge? Sin este enfoque positivo en hacer buenas obras, el objetivo de la vida matrimonial se convierte en no hacer malas obras, pero eso no es suficiente. Eso no es valorar; es ser fariseo («Yo no te haré nada malo si tú tampoco me lo haces»).

¿Buscas cada día, y de manera activa, formas de recibir primero la amabilidad y la bondad de Dios para ser nuevamente llenos del Espíritu y después ir a casa con una actitud de «Dios, te ruego que me muestres cómo bendecir hoy a mi esposo/a. Ayúdame a encontrar al menos una buena obra que hacer en mi hogar? ¿Estás recibiendo el evangelio de un modo tan poderoso que te sientas impulsado a hallar buenas obras que hacer para bendecir a tu cónyuge con regularidad?

Este es el resumen: *la fe produce fruto*. Si no te preocupa cómo mostrar buenas obras a tu cónyuge, has olvidado la forma en que Dios te ha bendecido, su favor y su bondad, su empoderamiento por medio del Espíritu Santo. Entonces, tienes que edificar tu fe con el fin de obtener el fruto.*

Sé que algo de esto puede sonar idealista. Ni siquiera pretendo afirmar que yo lo domine. ¿Pero por qué no querríamos esto? ¿No suena encantador? Y si Dios lo ofrece como instrucción, ¿osamos decir que es demasiado elevado para apuntarle?

¿Cuál es la alternativa? Volviendo a Tito 3 vemos que la otra opción es lo que éramos: «Porque nosotros también en otro tiempo éramos necios, desobedientes, extraviados,

---

* Mi libro *Sacred Pathways* [Caminos sagrados] (edición revisada.; Grand Rapids: Zondervan, 2010) ha sido usado por muchas iglesias para ayudar a que las personas entiendan la mejor forma para ellos de conectar con Dios a diario. Enumera nueve «temperamentos espirituales» distintos para que las personas puedan desarrollar un tiempo devocional que encaje de forma exclusiva con el carácter con el que fueron creados por Dios. Si te sientes atrofiado en tus devocionales, considera comprobar la enseñanza que allí se proporciona.

esclavos de deleites y placeres diversos, viviendo en malicia y envidia, aborrecibles y odiándonos unos a otros» (Tito 3.3, NBLH). Eso es vida aparte del evangelio. En lugar de sentirnos motivados por un plan glorioso, eterno, basado en ser amado y devolver amor, pasamos el día en búsquedas triviales, egoístas, ensimismadas.

La BLPH traduce esta última frase del versículo 3 «odiados de todos y odiándonos unos a otros». Veo a muchos matrimonios que caen en esa trampa. El problema raíz es que han empezado a odiar a su cónyuge y a ser odiado por él/ella. Piensan que se debe a las toallas húmedas en el suelo, a la falta de dinero, a demasiado o poco sexo, o a cualquier otra cosa. En realidad, es una *raíz espiritual*. Han olvidado el evangelio. No están siendo valorados y valorando; no están siendo amados y amando. Solo están gastando sus días inmersos en el odio. Hasta que no regresen a la vida del evangelio —predicarse el evangelio a sí mismos, recibirlo y vivirlo— no resolverán el verdadero problema.

La vida de ser amado y amar es nuestra herencia espiritual. No tenemos que odiarnos el uno al otro.

El evangelio proporcionó a Julie y Jeff un nuevo matrimonio. Puede hacer lo mismo por ustedes. Reclama la vida de ser amado y amar. Predícate el evangelio cada día y vívelo en cada momento. Ese es el poder subyacente a la valoración.

VALORAR EL VALORAR

- Para mantener la motivación de valorar a nuestro cónyuge es necesario que recordemos lo mucho que se nos ha perdonado, aquello de lo que se nos ha salvado y el precio que Cristo pagó para darnos una segunda oportunidad.

- Entender el evangelio —y recordárnoslo— nos sitúa en la actitud y la condición espiritual para seguir valorándonos el uno al otro. Porque Cristo me sirvió, ahora te sirvo.

- Para valorarnos el uno al otro de la manera en que la Biblia nos llama a hacerlo, primero tenemos que recibir y aceptar la bondad y el amor de Dios, echarnos en su misericordia y ser renovados por el Espíritu Santo.

- El Dios que valora al ser imperfecto que eres es más que capaz de ayudarte a valorar a un cónyuge imperfecto.

- Los matrimonios del evangelio están preparados para hacer buenas obras el uno por el otro; no se injurian el uno al otro; evitan las disputas y son amables el uno con el otro; son considerados.

- Sin el evangelio, muchas parejas acaban siendo odiadas y odiándose el uno al otro en lugar de ser amadas y amarse el uno al otro.

Preguntas para
el debate y la reflexión

1. ¿Te sentiste aceptado/a siendo niño/a? Si es así (o si no lo es), ¿cómo afectó a la forma en que miras a Dios? ¿Cómo afectó a la manera en que tratas a tu cónyuge?

2. Explica con tus propias palabras de qué te ha salvado Dios. Confiesa lo que mereces de verdad, en vista de todo lo que eras y has hecho.

3. Recuerda y describe el gozo que experimentaste cuando Cristo quitó esa carga espiritual de tus hombros. ¿Qué ha llegado a significar la salvación para ti?

4. ¿De qué forma te siente más amado/a por Dios? ¿Qué puedes hacer en tu tiempo devocional para recordar y recibir su gracia, su afirmación y su consuelo y cultivar su presencia y su voz?

5. Haz una lista con las dos o tres buenas obras que puedes hacer por tu cónyuge en la próxima semana.

6. Cuando revisas el fruto del evangelio, ¿en qué eres más fuerte y en qué más débil?

   • ser entusiasta de hacer buenas obras

   • no hablar mal el uno del otro

   • evitar las disputas

   • mostrar amabilidad el uno con el otro

   • ser considerado el uno con el otro

Epílogo

M i amigo el doctor Greg Bledsoe era estudiante de medicina penúltimo grado en una clínica de medicina general.[27] Era un día típico, y Greg estaba realizando lo que se supone que los estudiantes de medicina tienen que hacer: «fingir interés en los tejemanejes de la clínica e intentar no estorbar».

En un momento dado, Greg y el médico residente entraron en la habitación de una paciente anciana y su esposo. La enferma, muy cercana a los ochenta años, estaba sentada en una silla de ruedas. Sus miembros se habían encogido debido a una dolencia neuromuscular, y su cuerpo estaba inclinado de un lado, babeando por la comisura de los labios.

Greg observó la «energía y agilidad de su cónyuge. Estaba alerta, mentalmente activo y hasta locuaz. Tenía la misma edad que su débil esposa, pero su salud era mucho mejor. Me sorprendió, porque suele ser al revés. Nosotros, los hombres, tendemos a ir más rápido cuesta abajo que las mujeres, de manera que es más habitual ver a un marido débil cuidado por su saludable esposa».

Greg sintió la enfermedad emocional y espiritual común en un joven, una que todavía no entiende del todo el verdadero amor: «Debo confesar que sentí lástima de aquel esposo».

El hombre parecía tener la moral alta, incluso cuando limpiaba las babas de la barbilla de su mujer. Sabedor del cuidado de veinticuatro horas que tales pacientes requieren, Greg también conocía las agotadoras exigencias que recaían en su cuidador. Echó un vistazo al informe y vio que ella seguía viviendo con él en su hogar.

Su marido era ese cuidador.

Por favor, Dios, no permitas que eso me ocurra, pensó Greg, como lo haría la mayoría de los jóvenes.

El médico residente recibió una llamada y salió al pasillo para contestarla, dejando a Greg solo en la sala de reconocimiento clínico, con esta paciente y su esposo.

«Fue un tanto incómodo», confesó Greg. «En ese punto de mi formación médica yo era básicamente un observador, de modo que no podía contribuir en nada por mí mismo al cuidado médico del enfermo. Con mi residente en el pasillo, la visita clínica se había detenido; el marido y yo nos habíamos quedado allí sentados frente a su babeante esposa que, de vez en cuando, gemía, sin nada más que hacer que mantener una pequeña conversación de cortesía».

La entusiasta exclamación del marido rompió la incomodidad.

—Ella es mi compañera de pesca, ¿sabe? —comentó.

—¿Perdone?

—Ella es mi compañera de pesca. Ella y yo hemos pescado por todas partes —me explicó.

—¿De veras?

—Sip. Solíamos poner palangres en el lago, por ahí, y nos levantábamos cada mañana para comprobarlos —respondió—. Llevamos más de cincuenta años casados.

Greg miró fijamente a aquel hombre cuyos ojos chispeaban, con la boca abierta en una especie de sonrisa jovial y desdentada. Estaba *radiante*.

—Sí, señor, esta que está aquí es mi compañera de pesca —volvió a decir, mientras le tomaba la mano a su esposa con ternura y sonreía cariñosamente en su dirección.

Greg reflexiona: «Durante los diez minutos siguientes, quedé fascinado por ese hombre por quien, unos minutos antes, había sentido lástima; él me deleitó con una historia tras otra de la vida que había llevado junto a su esposa. Era increíble. Sin embargo, lo más asombroso de todo fue el cambio que se produjo en mí.

»Al observar cómo aquel anciano acariciaba la mano de su esposa, besaba su mejilla, le limpiaba las babas y relataba con gozo la vida que habían compartido, provocó una transformación poderosa de la perspectiva dentro de mí. Cualquier semblanza de lástima había desaparecido. En su lugar, sentí... envidia».

Aquel hombre mayor *valoraba* a su anciana esposa babeante, mentalmente ausente y profundamente arrugada, y un médico mucho más joven, todavía soltero, le *envidiaba* por cómo miraba a su octogenaria mujer y cómo hablaba de ella.

Sin duda, ese marido con el que Greg habló habrá muerto a estas alturas. Nunca sabrá que muchos leerán sobre su acto de valoración. Unos pocos años después de este encuentro, Greg se casó con una rubia de belleza impresionante, de veintitantos años, con una piel impecable y un tono muscular perfecto; sin embargo, él había entendido que esas cosas no definen el amor, y que desde luego no son las que sustentan el amor.

Se puede valor a una «compañera de pesca» de ochenta y tantos años, confinada a una silla de ruedas, que gime y babea.

Valorar

La valoración se construye y se sostiene por las elecciones de toda una vida que se van reforzando una década tras otra, de manera que alguien se va haciendo cada vez más importante para nosotros, porque siempre lo ha sido y siempre lo será. Es muy probable que, hace muchas décadas, el esposo de aquella paciente se riera al limpiar un poco de helado en la boca de su novia, cuando tenían veintitantos años. Para él, no había diferencia alguna en limpiar un poco de baba de su barbilla, ahora que es su esposa y que tiene ochenta y tantos. Es la misma mujer, y él la adora. Es su Eva, y él no quiere ni imaginar —ni querría— estar con otra: «Mas una es la paloma mía, la perfecta mía» (Cantares 6.9, RVA).

Dios quiera que este libro multiplique más historias como estas hasta que la iglesia esté llena de maridos que valoran profundamente a su mujer, y esposas que valoren con entusiasmo y generosidad a su esposo hasta el final.

Notas

1. Citado en Arlene Croce, «Balanchine Said», *New Yorker* (26 enero 2009), www.newyorker.com/magazine/2009/01/26/balanchine-said (consultado el 11 de abril, 2016).

2. Ibíd.

3. Sarah Jessica Parker, productora ejecutiva, «City Ballet: Partnering», S1 E9 (3 noviembre 2013), http://tinyurl.com/n7lusu9 (consultado el 11 de abril, 2016).

4. He visto esta cita en varios lugares. Esta redacción particular está tomada de Dennis y Barbara Rainey, *The New Building Your Mate's Self-Esteem* (Nashville: Nelson, 1995), p. 268.

5. Tyler Ward, *Marriage Rebranded: Modern Misconceptions and the Unnatural Art of Loving Another Person* (Chicago: Moody, 2014), p. 91.

6. Citado en Marriage Missions International, «Quotes on "Communication Tools"», http://marriagemissions.com/about-us-2/quotes-on-communication-tools/ (consultado el 11 de abril, 2016).

7. Nicole Johnson, *The Invisible Woman: A Special Story of Mothers* (Nashville: Nelson, 2005).

8. Emily Esfahani Smith, «Masters of Love», *The Atlantic*, 12 junio 2014, www.theatlantic.com/health/archive/2014/06/happily-ever-after/372573 (consultado el 11 de abril, 2016).

9. The Gottman Institute, «Research FAQs: What Are the Negative Behavior Patterns That Can Predict Divorce», www.gottman.com/about/research/faq (consultado el 11 de abril, 2016).

10. Citado en Paul Kengor, «The Untold Story of How Nancy Reagan Would Have Taken a Bullet for Her Husband», www.foxnews.com/opinion/2016/03/07/untold-story-how-nancy-reagan-would-have-taken-bullet-for-her-husband.html (consultado el 31 de mayo, 2016).

11. N. T. Wright, *Reflecting the Glory: Meditations for Living Christ's Life in the World* (Minneapolis: Augsburg, 1998), p. 64.

12. Smith, «Masters of Love».

13. «Gratitude Basics: The Benefits of Gratitude», *Psychology Today*, www.psychologytoday/basics/gratitude (consultado el 11 de abril, 2016).

14. See Smith, «Masters of Love».

15. Rainey, *The New Building Your Mate's Self-Esteem*, pp. 29–37. He corregido ligeramente su lista.

16. Ibíd., p. 110.

17. Ver p. ej., Bill and Pam Farrel, *The Secret Language of Successful Couples: The Keys for Unlocking Love* (Eugene, OR: Harvest House, 2009), pp. 25, 120–21, 130 [*El lenguaje secreto de las parejas exitosas* (Grand Rapids: Portavoz, 2015)].

18. Dietrich Bonhoeffer, *Life Together* (NuevaYork: Harper & Row, 1954), p. 97 [*Escritos esenciales* (Santander: Sal Terrae, 2001)].

19. John Chrysostom, «Homily XX on Ephesians», citado in *Marriage: An Orthodox Perspective*, 3ª ed. revisada, John Meyendorff (Crestwood, NY: St. Vladimir's Seminary Press, 1984), pp. 89–90.

20. Rainey, *The New Building Your Mate's Self-Esteem*, p. 116.

21. Ibíd., p. 117.

22. Sam Crabtree, *Practicing Affirmation: God-Centered Praise of Those Who Are Not God* (Wheaton, IL: Crossway, 2011), p. 7.

23. Citado en Michelle Trudeau, «Human Connections Start with a Friendly Touch», 20 septiembre 2010, www.npr.org/templates/story/story.php?storyId=128795325 (consultado el 21 de abril, 2016).

24. San Francisco State University, «Buying Experiences, Not Possessions, Leads to Greater Happiness», *Science Daily*, 17 febrero, 2009, www.sciencedaily.com/releases/2009/02/090207150518.htm (consultado el 21 de abril, 2016).

25. Tim Keller, *The Meaning of Marriage: Facing the Complexities of Commitment with the Wisdom of God* (Nueva York: Riverhead, 2011), p. 153.

26. N. T. Wright, *The Challenge of Jesus: Rediscovering Who Jesus Was and Is* (Downers Grove, IL: InterVarsity, 1999), p. 186.

27. Esta sección está basada en una publicación del blog que Greg Bledsoe permitió gentilmente que yo mostrara en el mío en www.garythomas.com. Estoy citando las palabras en tercera persona y no en primera para ser coherente con el resto del libro, pero toda esta sección está basada en lo que Greg escribió con sus propias palabras. Se le ha publicado en numerosas revistas médicas y blogs con regularidad en ghbledsoe.com.

Contactar a Gary

A unque Gary disfruta teniendo noticias de sus lectores, no es prudente ni le es posible ofrecer consejería a través del correo electrónico, el correo postal, Facebook ni cualquier otro medio social. Gracias por su comprensión.

Website:
www.garythomas.com
Blog:
www.garythomas.com/blog
Twitter:
@garyLthomas
Facebook
www.facebook.com/authorgarythomas

Si desea contratar a Gary para hablar en un evento, rogamos se ponga en contacto con él a través de su página web o mediante el correo electrónico alli@garythomas.com.

Nos agradaría recibir noticias suyas.
Por favor, envíe sus comentarios sobre este libro
a la dirección que aparece a continuación.
Muchas gracias.

Vida@zondervan.com
www.editorialvida.com

Printed in the USA
CPSIA information can be obtained
at www.ICGtesting.com
JSHW030851020724
65689JS00007B/61

9 780829 767971